东汉故事

一口气读懂中国史

将进酒·黄　著

人民东方出版传媒
東方出版社

东汉大事记

公元 25 年　西汉灭亡，汉光武帝建东汉

公元 57 年　汉明帝即位

公元 75 年　汉章帝即位

公元 88 年　汉和帝即位

公元 105 年　汉殇帝即位

公元 106 年　汉安帝即位

公元 125 年　北乡侯即位、汉顺帝即位

公元 144 年　汉冲帝即位

公元 145 年　汉质帝即位

公元 146 年　汉桓帝即位

公元 167 年　汉灵帝即位

公元 184 年　黄巾起义

公元 189 年　弘农王即位、董卓立汉献帝

公元 220 年　东汉亡

目录

第一章　光武光芒

第二章　承平日久

第三章　如履薄冰

第四章　急转直下

第五章　刀光剑影

引子

讲东汉，就不能不提王莽，这个书生靠着万众瞩目的完美道德窃取了西汉的政权。但他复古的执政思路很显然已不适合那个时代，于是，天下大乱。在形形色色的革命者中，刘秀脱颖而出，建立东汉。由于刘秀自称是西汉刘氏的后裔，所以，东汉可称作西汉的远方亲戚，从公元 25 年到公元 220 年是东汉的上场时间。西汉有的，东汉有；西汉没有的，东汉也有。

开国皇帝刘秀的英明和慈悲使这个王朝蒸蒸日上，但兴亡周期律开始启动，此后的皇帝，除了二任帝刘庄之外，再无有为之君。随之而来的是比西汉还要厉害百倍的外戚之祸、宦官之祸，中国的知识分子第一次集体遭遇不幸，然后就是天下大乱。乱哄哄中，“军阀”势力上台，东汉在军阀的喊打喊杀声中与历史告了别。

第一章　光武光芒

公元 25 年，书生刘秀称帝，建立东汉，天下仍然四分五裂。令人称奇的是，并不强大的刘秀集团居然在短时间内统一中国。刘秀有着过人的胆识和菩萨心肠，能分清天下大势，也能辨别出谁是他最需要的人才，进而笼络。刘秀还是个情种，他与美人阴丽华的故事被人们传颂至今。当他于公元 57 年去世时，他留给继任者的是一份庞大的遗产。

娶妻当娶阴丽华

都说“乱世出英雄”，到了新朝末年，百姓们的日子苦不堪言，而众多有野心的人也应时而出，想要在乱世中做个成功人士，为自己争得一方天下。就在这时候，没落皇族刘秀也跑出来了，加入抢天下的游戏里来。

刘秀这个人，虽然头顶皇族后裔的光环，但是认真说起来，早年时，他不过是个穷小子。他出生在河南南阳，父母早亡，很小就被寄养在叔父家里。少年时期的刘秀很穷，一没房二没车三没好工作，可他的志向却很远大。

刘秀有个姐夫，跟世家大族的阴氏是亲戚，刘秀因为经常去串门，时间一长，就认识了阴家的千金小姐阴丽华。说起阴丽华，那可是南阳一带出了名的大美女，见过她的人从此晚上都睡不好觉。刘秀这会儿还没见过大世面呢，一见到阴美女，顿时惊为天人。阴丽华不仅长得明艳动人，还很有学识，这样一个才女加美女，家庭条件又数一流，无论在哪个时代，都是婚姻市场上的抢手货。

庙堂真相

性格即命运

刘秀和哥哥刘縯，都是一时豪杰，但因性格不同，导致结局迥异。刘縯性格豪爽，锋芒外露；刘秀内敛，富有谋略。刘縯在闯出点名堂后，自信满满，在领导刘玄面前也不懂得收敛，结果被领导杀了，“出师未捷身先死”！弟弟刘秀吸取教训，终于笑到了最后。公元 25 年，刘秀称帝，建立东汉。

刘秀也喜欢上了这个不愁嫁的大美女，但小伙子有一颗敏感的心，知道自己有几斤几两，癞蛤蟆望着天鹅，想吃是想吃，但顶多也只是藏在心里幻想一下。

后来，刘秀到长安去读书，有次在大街上遇上执金吾（官职名称，京城守备司令）出行，只见车马簇拥，侍卫林立，警车开道，十分气派。穷青年刘秀不由得大发感叹："如果要当官，就应该当执金吾这样气派的大官；如果要娶老婆，就要娶像阴丽华那样的女人，才算不枉此生啊。"从这以后，他就暗下决心，一定要做一个成功人士，争取爱情事业双丰收。

刘秀发展事业的契机很快到来。王莽执政末期，国家越来越动乱，刘秀便拉着自己的哥哥一起造反，想借此闯出一番天地来。当然，乱世当中想要干大事业的，不止刘秀兄弟，而他们也知道自己的事业刚刚起步，不能和其他人相比，于是就投靠了当时最有势力的起义军首领刘玄。

刘秀和哥哥刘缜都是文武双全的人，在打仗方面是一等一的好手，再加上他们善于为人处世，没多久便跟刘玄的下属们打成了一片。这时刘玄不开心了，他知道自己没本事，所以在对待人

社会风情

绿林起义

王莽末年，社会动荡，公元17年，王匡、王凤在荆州新市起义，在绿林山（在今湖北）建立第一个根据地，故被称为绿林军。公元23年，绿林军拥立刘玄做了更始皇帝，恢复汉朝国号，年号"更始"。同年秋，绿林军攻入长安，王莽被杀，新朝覆灭。公元25年，赤眉军攻入长安，刘玄投降，更始政权灭亡。

才上，一向秉持着羡慕、嫉妒、恨外加排挤的态度，于是刚刚冒尖儿的刘秀两兄弟，就不可避免地成了他的眼中钉。

那会儿领导要杀个人，是很容易办到的，没多久，刘玄就找了个借口把刘缜杀了。当消息传到刘秀那儿时，他刚刚打了一场大胜仗，心里正乐滋滋地等着领赏呢。想知道什么是从天堂坠入地狱的感觉吗？这会儿刘秀就体验到了。好在他有“小强”般的韧性，面对大哥被杀，他把仇恨埋在了心里：为什么大哥被杀？不就是因为眼下我还没有实力嘛！因为眼下我还没有实力，所以还不能跟刘玄叫板，只能先安抚住他，保命要紧。

首先，虽然刚打了胜仗，但领赏这事儿是想也不要去想了，刘秀绝口不提功劳；接下来，他亲自跑回去向刘玄汇报工作，并替死去的大哥向领导道歉：都是因为大哥没上没下，不懂规矩，才会自食苦果啊，领导您教训得是！见刘玄被自己哄开心了，刘秀又顺势说：“我也老大不小了，身边的朋友同事都结婚生小孩儿了，咱心里也着急啊，要不您放我几天假，我先把婚事办了？”

刘玄一听，乐了，心想刘秀这家伙刚死了哥，就着急找老婆，看来他也是个贪图享乐的人，自己还有什么可担心的？于是，他

野史秘闻

跟对领导有前程

有一次，汉光武帝刘秀在宴请群臣时问各位功臣：“如果不是跟我一起打天下，你们揣度一下自己现在能有什么前程？”其中，大臣马武说：“我可以当捉拿盗贼的尉。”刘秀一听哈哈大笑说：“你能当尉？你只要能保证不会因做盗贼而被亭长捉住，就谢天谢地了！”

当即答应下来："去吧去吧，随你想娶谁。"

强颜欢笑的刘秀，就这样匆匆完成了他人生中的第一场婚事，而老婆正是长久以来的暗恋对象——阴丽华。虽然，他现在的事业还没什么大成就，但初恋情人成为老婆，也算是完成了当年的一半心愿，而做执金吾那样的大官早就随着连年的征战，升华到了想当皇帝那样的高度。

阴丽华很善解人意，她知道老公刚刚死了大哥，自身的安危难测，自从嫁给刘秀后，就经常开导劝解他。时间长了，她对老公的志向有所了解，便说："更始皇帝刘玄，不是个能成大事的人，老公你要想出人头地的话，就别跟他混了，今后一定要把握时机自立门户，暗地里好好发展自身才是正道啊。"

刘秀见老婆为自己谋算，心中别提有多高兴了，夫妻两人的感情由此进一步升温。后来，他就借刘玄派他去收复河北的时机，和当地有名望权势的高门大族拉拢关系，逐渐发展壮大起来，进而夺得天下，当上了东汉的开国皇帝，史称光武帝。

向历史借智慧

做事要有目标

"做官要做执金吾，娶妻当娶阴丽华"，这是汉光武帝刘秀留下的千古名言，虽然他后来做了皇帝，但年轻时树下的这个理想，无疑给了他奋斗的巨大动力。纵观古今中外，成功人士之所以能在事业上取得辉煌成绩，不可或缺的一点就是给自己制定目标。即使你一眼看不到未来，那么树立一个短期目标也是好的。有了目标，就有冲劲，就有奋进的决心。即使走得最慢的人，只要心中有个目标，也比漫无目的地徘徊的人走得快。

糟糠之妻不下堂

刘秀当上皇帝以后，家里的环境有了很大改善。想想也是，以前的穷小子一下子荣升成了一国之主，天下还有谁能与之相比？

当时，刘秀的姐姐湖阳公主不幸守寡，刘秀心有不忍，就暗想：我现在爱情事业双丰收，后宫美女千千万，怎么能看着老姐过守寡的苦日子呢？不行，我一定要为她找个好老公。说起来，公主要找老公也挺不容易的。毕竟这么尊贵的身份，就算是寡妇，那也不是一般人能配得上的。

刘秀思前想后，决定先从自己的下属着手。本来嘛，自己为了把国家治理好，招揽的一帮人才都是有真本事的，为了自己老姐的婚姻，这些潜力股怎么能放过？想到不如做到，一天，他专门去找湖阳公主聊天，聊着聊着就问："现在政府里人才济济，以姐姐来看，觉得这些人中谁最出色？"

湖阳公主也没往别处想，以为皇帝老弟给自己出考试题呢，沉吟半晌后，回答说："我觉得这些人当中，宋弘最出色，他德

名臣风骨

宋弘举贤

宋弘向光武帝荐举了不少博学之才，其中包括大儒桓谭，宋弘认为桓谭的学问可与扬雄和刘向、刘歆父子相媲美。当时，光武帝极好谶纬之学，一次修灵台时，问桓谭的意见。桓谭沉默了一会儿，说："臣不读谶。"意思是，我对谶纬之类不感兴趣。光武帝追问他什么缘故，桓谭说，这些都是歪门邪道。光武帝听了很生气，当即把他赶出了朝廷。

才兼备，其他人都比不上。”

刘秀一听，暗地里松了口气，转眼就把宋弘列入姐夫候选名单中。说起宋弘，他的确如公主所说，是个德才兼备的人。在职期间，他不仅经常向皇帝推举贤能，还经常犯颜直谏。

有一次，光武帝邀请群臣参加宴会，宋弘也在受邀之列。当酒宴进行到一半的时候，宋弘突然发现，领导御座旁边新换了一幅屏风，屏风上尽画了些美女明星，一个个搔首弄姿、性感撩人，惹得刘秀时不时地回头欣赏一下。宋弘见状，立刻站起来，酒也不让领导喝了，一个劲儿地提意见：“皇上，您这屏风上尽画些美女可不好啊，色能害人，色和德，就好比那黑与白，是绝对不相容的，因此我至今还没见过能同时好德又好色的人。”

这话一出口，大家都觉得很扫兴，暗骂这书呆子不识时务。倒是刘秀不介意，当下便让人把屏风搬走，并表扬宋弘同志说：“你这意见提得好，提得对，我应该听从。”

有了类似的事情垫底，宋弘在一群干部中混出了名声，人人都赞他清廉正直，光武帝刘秀对这个干部也很满意。现在听到姐姐也大大地赞扬宋弘，当即就萌生了想当媒人的冲动。这天，刘

野史秘闻

笑面虎法官

光武帝时期，樊晔做法官，心狠手辣，很少有罪犯能从他手底下逃生。当时有歌谣说，“樊晔大笑时犯人必死，愤怒时或许倒能宽恕。”原来这樊晔是笑面虎。

秀找来宋弘，跟他闲聊些家常话，说着说着突然叹了一口气，“唉，我这姐姐不容易啊，年轻的时候跟着我吃了不少苦，现在好容易过上好日子了，谁知又没了老公，实在是太命苦了。”

宋弘见领导唉声叹气的，难免要安慰几句，就说：“皇上，您放心吧，公主现在可是单身贵族，不知有多少人想娶她进门呢。”

刘秀一听，有戏！就接着说：“你说得不错，我的姐姐是堂堂的大汉公主，怎么会愁找不到好老公呢？不说别的，就是你们这帮下属，相信也有很多人愿意娶她为妻吧？我听人说，一个人只要升了官，就会跟以前的狐朋狗友断绝往来，重新结交一帮好友；一个人要是发了财，就会把老婆换了，重新找个年轻漂亮的，其实这也是人之常情啊。”

宋弘是个聪明人，听到这里，就有些明白过来了。敢情领导今天跟他套交情，为的就是要把自己的姐姐推销出去啊。这要是搁一般人身上，恐怕早就乐颠颠地答应下来了。可是，宋弘不是一般人，他有自己的原则。这会儿宋弘已经结婚多年，而且老婆还曾跟他共过患难，夫妻两人的感情一直很深。现在皇上居然要他换老婆，这种事，他可不能干！

社会风情

干部推荐制度

建国后，刘秀颁布了“四科取士”的察举征辟制度。“四科”：一是品德高尚，为人清白；二是有知识，精通儒家经典；三是熟悉法令，能够娴熟地依法办事；四是办事有魄力才干，不犹豫，能独当一面。

宋弘当即正色回答："领导，您说的这种情况虽然有，但我也曾听说，一个人，即使发达了，也不要忘记那些贫困潦倒时结交的知己好友；就算发财了，也不应该抛弃曾经共度患难的老婆，因为这些人在你困难时，都不曾离弃你，这是最难能可贵的！"

刘秀看这宋弘态度坚决，心中便完全明白了，这事儿成不了啊。当时，湖阳公主为了终身大事，就躲在屏风后偷听。等宋弘一离开，刘秀走到姐姐跟前，摇摇头、叹叹气，说："宋弘这个书呆子，顽固得很，这事儿，我看是没戏了。"

向历史借智慧

发达了不换老婆是美德

宋弘不弃糟糠之妻的故事，流传千古，其人格魅力受人称颂。究其原因，就是因为他从不忘记在贫贱时候陪在自己身边的人。这一点，看似容易，在现实生活里摸爬滚打一圈后，就发现很难，很多人都做不到。人往高处走，在旧和新、卑微和高贵、贫贱和富贵之间，人们总是容易选择后者，而忽视前者。我们应该扪心自问一下，当你最困难时，是谁陪在你身边？不要因为一时的浮华，而忘记了最本真的感情。

“山寨版”打败赤眉军

光武帝刚刚建国的时候，为了完成统一大业，开始镇压各处还没停止的叛乱，和赤眉军爆发了多次战争，而其中最为人称道的，就要数崤底之战了。

说起赤眉，这可是西汉末有名的农民起义军，率领大伙起来反抗政府的，是一个叫樊崇的农民。他的家庭环境虽然不好，可是乐于助人，为人豪爽讲义气，时间长了，认识他的人都很喜欢他。等他准备起来反抗政府的时候，很多人都表示愿意追随。

樊崇当时看起义军的队伍越来越壮大，就对大伙说：“咱们出来混，没点特色的话，恐怕没多少人愿意追随。不如这样好了，从今以后，但凡是加入我们队伍的，都要把眉毛染红，以此作为标志。”因此，樊崇所领导的起义军才被人们称为“赤眉军”。

这些农民起义军虽然没经过正规训练，却不容小觑。刚开始时，光武帝派将军邓禹前去镇压，谁知对方攻势猛烈，邓禹压根儿不是对手，不仅损兵折将，还连败两次。

野史秘闻

赤眉军的末路

赤眉军活动在今山东和江苏徐州一带。公元 25 年，赤眉军立刘盆子为皇帝，攻入长安，解决了更始皇帝刘玄。崤底之战后，赤眉军声势大减，接连吃败仗，兵困粮乏，最后被迫投降。

光武帝很郁闷，心想这不过就是一些农民嘛，怎么正规军反倒打不过对方？没办法，光武帝只好请出自己一直都很重用的老将——冯异。说起冯异，他可算得上是光武帝的伯乐了。

以前光武帝还在更始帝刘玄手下打工的时候，冯异有次无意中见到他，就竖起大拇指说："我一看您就不是一般人，今后肯定能飞黄腾达的，从今以后，我就跟着您混了。"果然，他后来跟随刘秀在河北起兵，处处为对方谋划，助其成就了一番伟业。

冯异不仅眼光独到，遇事也总能从大处着手，沉着应对。当年，光武帝的哥哥被刘玄杀害，手下都纷纷叫嚷着要替自己的老大报仇。当时在场的人中，只有冯异最为镇定。他跟光武帝说："现在您自己都难保，如果再争一时之气的话，您哥哥的仇才真的是报不了了。我看现在最重要的，是让更始帝放下戒心，您才好私下发展，为自己谋条后路啊。"

冯异一路追随光武帝，立下了不少汗马功劳，所以他在光武帝的心中也越来越重要。这一次，光武帝无奈，只好请出冯异："赤眉军这些家伙太不好对付了，朕现在就只有指望你了。"

冯异领命后，就带着大军出征。公元27年，双方在崤底展开

名臣风骨

"大树将军"冯异

与历史上诸如"鹰扬将军""骠骑将军""飞将军"等气势峥嵘、霸气外露的将军相比，人称"大树将军"的冯异更有些儒雅之气。光武帝麾下的开国大将们在征战间隙，喜欢聚在一起聊天神侃，有时争论战功。每当这时，冯异总是一个人坐到大树下，远远地不作声。于是，士兵们便给他起了个"大树将军"的雅号。不过，冯异好读书，熟悉《春秋左传》《孙子兵法》等经典，算得上内慧外秀。

对战。首先出来挑战的是冯异率领的汉军，他们人数不多，却在赤眉军面前趾高气扬，看得樊崇心火直冒，当下就让一万多精兵冲出去，要杀对方个片甲不留。

汉军们看见来势汹汹的士兵后，只随意招架了几招，便纷纷提着兵器慌慌张张地后退。赤眉军见对方无心作战，暗道这次必定胜利在握，于是奋起直追。冯异见状，又派出少量队伍，出阵支援。

樊崇见后，乐得大笑道："哈哈，刘秀那家伙不会是被我打得要兵没兵，要将没将了吧？居然找了这么一个不会打仗的冯异，这都快输了，还不多派点援兵来撑场面。"说完，他就派出主力军，让他们乘胜追击。

就在主力军投入作战时，情况突然发生了变化。只见四周突然蹿出很多赤眉军打扮的士兵，他们手中挥舞着刀枪，见到"自己人"就杀。原来，这是冯异事先安排好的，他让一部分汉军伪装成敌军的模样，事先埋伏好。直到敌军主力出击，并且耗费掉过多精力的时候，伏兵再一冲而出，从而使形势来个大逆转。

赤眉军们哪会想到有这样的突发状况，放眼望去全都是红眉

社会风情

认真的人命都不会太差

有一次刘秀出猎，天黑才返回，让侍者去叫门，守门官郅恽却说："天黑了，我怎么能相信真是皇帝进城呢？"硬是不给开门。刘秀对这个小官员的较真劲儿很赏识，第二天赐了一百匹绢布给他。

毛的“自家人”，一时半会儿怎么知道该杀谁不该杀谁？很多人就在还没来得及招架的情况下，被汉军一刀砍杀。樊崇见状，着急地大叫：“早知道不让众人把眉毛染红了。谁曾想过打仗也能玩‘山寨’！这下可真的要完蛋了。”

转眼间，赤眉军的士气大跌，很多人为了保命，索性丢了武器，跪在地上大声求饶。这一战后，十几万赤眉军纷纷倒戈，这场农民起义也走向了尾声。

向历史借智慧

当原版遭遇“山寨”

要说赤眉军搞事业也有十来年了，从盛到衰，樊崇等人可能从没想到自己竟是被一帮“山寨货”给消灭了。这样看来，冯异玩“山寨”的确很有一套。

其实无论打仗，还是身处社会中，真真假假本来就不好区分。最重要的是要守住本心，不要被眼前的假象和利益所蒙蔽，才能看清虚实真伪，分清是非曲直，在前进的道路上少走弯路。

“刘秀不如刘邦”

乱世之中，争天下的各路英雄们最想要的就是人才和军队了，而驻扎在今甘肃一带的隗嚣大将军，要兵有兵，要人才有人才。万事俱备，接下来就是要找一个好领导了。可隗嚣很为难，这么多豪杰，看上去都挺有前途的，到底选谁好？

为了让自己押对宝，他就把手下马援叫来，说：“现在公孙述和刘秀都称帝了，我看他们两人最有发展潜力，要不你去帮我探探风，看谁能成大事。”

马援很开心地接下任务，并说：“您放心吧，刘秀那人我是不了解，但公孙述是我的老朋友了，要去见他还不容易？”

于是，马援带上几个人就出发了。他先来到公孙述的地盘，在办公室外求见。起初，马援以为，公孙述知道自己来了，多半会赶紧跑出来，屁颠儿屁颠儿地把自己迎进去，毕竟两人是多年的铁哥们儿了。可惜，马援在门外吹了几个小时的冷风，才有保安慢吞吞地过来领他进宫。一路上，士兵们摆出森严的阵势，四

庙堂真相

领导都爱玩谶纬

刘秀很迷信谶纬之学，公孙述也是，一有点什么事，就要占卜算卦折腾一番，还特别爱在预言书里找“真理”。书上说“废昌帝，立公孙”，“西太守，乙卯金”，卯金为刘，指汉朝，他姓公孙，为西方太守，可见，书上都说了：汉朝要完了，是我公孙述当家做主的时候了！公孙述是这样想的，也是这样做的，他自称西方白帝（“白帝城”的名字就由此而来），吃喝玩乐，坐等老刘家的江山送到自己碗里来。可惜，“天算”不如“人为”，公孙述最终输了。

处插满了战旗，皇宫独有的威严气派让马援有点适应不了。

等走进金銮殿，公孙述就坐在皇帝的宝座上，一副公事公办的样子看着他。马援一见，暗地里嘀咕起来：“这么久不见，没想到公孙述这家伙还喜欢上摆谱了。”虽然心里不爽，但碍于对方的面子，他只得按礼参拜了一番。

接下来几天，马援待在这里考察的时候，发现公孙述不管走到哪儿，都带着一大帮奴仆侍卫，坐着高级车，穿着锦衣华服，三天两头地戒严全城，好让自己过路。马援越发觉得不是滋味。

不过，公孙述这家伙虽然喜欢摆谱，但对隗嚣这支力量还是很重视的，转天就跟马援开出了蜜糖支票：“你们就来投靠我吧，保证让各位做大官，享清福。”

马援的手下们一听，都笑逐颜开，纷纷说：“我们看待在这儿挺好的，公孙述顿顿都是大鱼大肉地招待我们。要不就别走了，刘秀那儿也不用看了吧。”

马援连忙摆手说：“现在大家都忙着争地盘呢，公孙述这家伙却窝在自己家里吃喝玩乐，我看长久不了，这地方不能待。”

于是，马援带领众人继续上路，去找刘秀。等他们到了洛阳

野史秘闻

创业家皇帝

汉光武帝刘秀，也是白手创业的一个典范。刘秀为人厚道，不好色，不贪财，在起义军中总是让着其他的将领。刚起兵的时候，军中的战马不足，许多将领为了争坐骑而大打出手。刘秀得了一匹战马，但他让给了其他将领，自己骑一头牛。

的皇宫，刘秀亲自站在殿外等候。马援看对方一身布衣，满脸笑容，也不由得笑起来，跟他打招呼：“我想着跟公孙述的关系很好，所以就先去他那儿看了看，发现他的皇帝架子十足，早就不是以前的好友了。而到了您这儿，却发现您平易近人，难道您都不担心我别有所图，会加害于您吗？”

刘秀哈哈一笑，“这洛阳城到处都是我的人，有你这样大张旗鼓来害我的吗？你啊，不过是来跟我谈结盟的事罢了，我干吗防备你？”

马援当即对他恭敬地行了一礼，“在乱世之中遇到您这样的领导，真是不容易啊。说句真心话，我看您气度不凡，恐怕和高祖刘邦不相上下了吧。”

马援在这里也考察了一段时间后，就回去找隗嚣汇报情况，并大力推荐刘秀这个人，“刘秀不管对谁，都态度平和，为人很亲切，而且凡事不拘小节，一看就是个豁达的人。他不仅每天处理很多公务，有空的时候还要学习。依我看，他虽然以前读的书不多，但现在绝对够得上高级知识分子的水准了。”

隗嚣见手下这么抬高刘秀，就问：“你把他说得那么好，那

野史秘闻

勤奋好学的刘秀

光武帝刘秀常常与朝中的官员研讨儒学经义，有时甚至讨论到深夜。皇太子刘强怕老父亲累坏了身体，就找了个机会劝了一下父亲。对儿子的关心，刘秀深感欣慰，他说：“这是我喜欢做的事，一点也不累。所以你不要担心我。”

你觉得他和刘邦相比怎样呢？”

马援想了想说：“刘秀不如刘邦。刘秀凡事中规中矩，勤于处理事务，而且不喜欢饮酒作乐；反观刘邦，他虽然对美酒美人来者不拒，但随机应变的能力很强。”

隗嚣听了，琢磨了半晌才说：“照你这样说，其实刘秀比刘邦来得强啊。”

向历史借智慧

保持平和的心态很重要

现代的社会，是高效率、快节奏的时代，人们身处其中，难免会变得浮躁市侩起来。其实，金钱固然重要，地位也能彰显一个人的成就，但只有人的品格才是真正要经受考验的东西。人活一辈子，潦倒落魄的时候有，飞黄腾达的时候也有，无论何时，无论处在什么地位上，我们只有保持一个平和的心态，才能以最好的姿态去改善自身、面对他人。

刘秀不疑冯异

崤底之战后，将军冯异的知名度大大提升，光武帝见他才能卓著，就给他委派了新任务，让他去治理关中。

冯异很有本事，到了关中后，又是平定叛乱，又是收买人心，没几年，关中就得到了很大改善。当地的百姓们都很待见他，而光武帝看他政绩卓著，口头表扬什么的也不在话下。

冯异虽然很开心，但也是个识时务的人。他知道自己虽然对朝廷和光武帝有功，但这个老大说到底，已经不是以前刘玄手下的打工仔了，如果自己功高震主的话，早晚有一天会遭逢祸患的。所以，他一有空闲，就会给光武帝写信，说自己在关中这个地方待得不习惯，一直想回中央效力。

事实证明，他的担忧不是没来由的。果然，时间一长，就有官员不服气了。本来，要是一个天天跟在皇帝身边混的官员，经常被表扬还说得过去。可冯异你一个隔着千山万水的家伙，怎么皇上还总是惦记着你的好处呢？到这时候，读了再多圣贤书的官

庙堂真相

回不去长安

刘秀以“汉”为国号，表示自己的政权是继承西汉而来，但对于西汉的国都长安，刘秀却有些回不去的感觉：西北不安定，还有好多反对势力，像隗嚣、窦融、公孙述等，就围在长安旁边；长安经过多年战乱，也残破了，又加上离刘秀的老家南阳太远。所以，刘秀就以洛阳为国都，而把长安作为东汉的西都。

员，也都难免不厚道起来。

他们中有人索性直接给光武帝写信，美其名曰“告发”。信里面说，冯异有叛逆之心，不仅私下里乱杀官员，还常常以权谋私，百姓们都被他暗地里收买了，称他为“咸阳王”。这话可不得了，关中的人只知道咸阳王，不知道光武帝，那冯异不就等于谋反了吗？这样的罪名够大，如果光武帝相信的话，冯异就算侥幸不死，这辈子也别想当官了。

然而，出乎所有人意料的是，光武帝收到这封检举信后，看完了就搁在一边，并没有大搞血雨腥风式的肃反工作。他先想到的是，自己发达之前，冯异的誓死追随。想当初，刚刚创业那会儿，各方面的条件都很艰苦，有段时间，刘秀被人通缉，悬赏十万两黄金。迫于无奈，他只好带着几十个手下，白天东躲西藏，晚上才敢出来活动活动。

逃命的日子不好过，众人都忍饥挨饿，有了上顿没下顿。有一天，天寒地冻，众人又冷又饿，再加上身上没钱，大家都快撑不住了，这时候，冯异便自告奋勇地站出来，要去给大家找吃的。说是找吃的，其实就是去百姓家里要饭。等他回来时，还专门为

庙堂真相

云台二十八将

“一个篱笆三个桩，一个好汉三个帮”，自古以来，成就大事业的人，都有一批跟随着出生入死的好干部，光武帝刘秀手下也有这样一批人，后世称为“云台二十八将”，一共二十八位高级将领，凑成二十八星宿之数，冯异就是其中之一。

光武帝带回来一碗热气腾腾的豆粥。

光武帝喝着豆粥，心里很感动。很久以后，回忆起这件事时，他还直说这是他喝过的最香的一碗粥。后来，光武帝四处征战，冯异一直不离不弃，帮他打江山。没想到，这次居然有人告发，说这个忠心耿耿的冯异有谋反之心？难道有些人只能共患难不能同富贵？

光武帝怎么想的没人知道，但是随后，他就把这封检举信交到了冯异手中。冯异看后，连忙惶恐不安地解释："皇上啊，我都跟了您这么多年，在工作上一直兢兢业业的，从来不敢有半分疏忽。就算我现在身在关中，也时刻没有忘记您和大汉。况且现在百姓们都想过好日子，全都指望您呢，我就算有谋反之心，又有几个人愿意搭理我呢？您如果还有什么疑问的话，我一定一一言明，绝不隐瞒。"

光武帝见他态度诚恳，便安慰他说："咱俩是这么多年的老战友了，朕怎么会随便怀疑你呢？况且这么多年来，你为大汉立下了不少功劳，如果朕怀疑你的话，也不会把这封检举信拿给你看了，不是吗？"

名臣风骨

强项令董宣

董宣做洛阳令，湖阳公主的奴仆杀人后躲在公主府，董宣等到奴仆跟着公主的车驾出来，就上前把凶犯抓起来杀了。公主向光武帝告状，皇帝大怒，要治董宣的罪，董宣说："陛下放纵奴仆杀害良民，将怎样治理天下呢？请让我自杀吧。"以头撞柱，血流满面。皇帝说那你向公主磕头道歉吧，董宣不从，小太监压着董宣的脖子，董宣两手撑地，就是不肯磕头，皇帝只得放了他。从此"强项令"之名声传天下。

领导这么说了，冯异才放下心来，被领导的信任感动得痛哭流涕。他知道，这事儿要搁在别的什么皇帝身上，恐怕不等有人“检举”，自己就成头号恐怖分子了，光武帝真是个好领导啊！

之后，冯异继续镇守关中。某年回首都汇报工作时，光武帝亲自接见，当着众多干部们的面，对冯异大加赞扬：“冯异同志是个好同志啊，从朕落魄的时候，就一直追随左右，为朕排忧解难，现在又帮我安定了关中，朕有这样的好干部，深感欣慰，很是感激啊。”

光口头表扬还不够，光武帝又拿出来一堆奇珍异宝、绫罗绸缎，奖励给冯异，并说：“你当年的一粥之恩，朕至今还铭记于心，这些东西是你应该得的。”

冯异感激涕零，当场就跪倒在地，千恩万谢：“皇上还记得以前的事，对臣来说就是死也无憾了啊。您放心，臣一定誓死效忠于您，绝不辜负您的厚望。”

冯异终其一生，和光武帝的关系都很融洽，君臣不相疑，成为中国历史上的一段佳话。

向历史借智慧

善待人才

中国皇帝，能善用人才的不少，能善待人才的却是凤毛麟角。相比之下，东汉开国功臣们的结局可是比西汉好很多。做领导的大权在握后，担心周围有人觊觎自己的权力，从而有了防范之心。这也是人之常情，但如果防范过度，就有可能导致人才流失，甚至于最终危害到自己的地位。反之，如果当领导的能善待人才，不仅能赢得人心，还会使手下的人才甘心付出。

光武帝“强睡”严子陵

光武帝小时候，家里虽然没啥钱，不过读书这事还是没落下的。当时，他的同学中有个叫严子陵的，头脑聪明不说，还是班里的尖子生。

后来，光武帝当上了皇帝，急需治国方面的人才，就想到了这个昔日的同窗好友。当他派出使者去找严子陵的时候，发现就算是皇帝要找人，也不是那么容易的。几年过去后，才有人寻访到严子陵的行踪。原来，早在汉武帝东奔西跑，忙着跟人争地盘的时候，严同学已经隐居起来不问世事了。

光武帝很是郁闷，心说你既然无心做官，当初干吗那么用功读书，跟人争第一名呢？再说了，这年头想要借隐居造声势、提高知名度的人多不胜数，莫非这老同学也是其中之一？无论如何，人既然都找到了，自然是要拉到自己名下好好重用一番的。

于是，他派出使者带上一堆金银珠宝，去给老同学下正式聘请书。这时呢，严子陵正在浙江一带隐居，闲来没事就钓钓鱼，

庙堂真相

征召隐士是一种“秀”

但凡一个王朝统一后，总喜欢把前朝遗贤、归隐高士找出来，礼遇一番，好宣示全国的知识分子，看，你们尊敬的前辈都承认我们了，一个新的时代开始了，你们赶快归心于我吧！所以征召隐士的价值不在于发现一个两个人才，而在于它是一种“秀”。西汉初，刘邦一看太子刘盈请出了著名隐士“商山四皓”做顾问，顿时感叹：“这孩子翅膀硬了，我拿他已经没什么办法了。”

养养花。收到皇帝的聘书后，他当场就回绝了：“我现在的日子过得挺舒心的，出去当官虽然钱挣得多，可是太累，我看还是算了吧。”

光武帝不信邪，连着派使者前来了三次，还带来了领导的亲笔信：“我知道就算是圣主明君，民间也有不肯出来做官的高洁隐士，更何况是我这种庸庸碌碌没什么用的领导呢。不过，现在天下初定，百废待兴，国家很多地方都需要改革和休养。你是个人才，如果不出来为老百姓服务的话，不是可惜了你读的那些圣贤书了吗？”

严子陵无从辩驳，一个人的本事越大，肩负的责任就越大，所以，光武帝说的没错。就这样，严子陵跟着使者来到京城，为了迎接老同学，光武帝特地安排了一座别墅给他住，从吃穿住行到日常家具，一应俱全。当时，朝廷里还有个叫司徒侯霸的人，跟严子陵也做过同学，见老同学跟光武帝关系这么铁，就有心来拉关系。他先是派人捎来几句话，说：“我实在是不知道老同学您远道而来，要不一定亲自去迎接您。要不我今晚就来向您赔罪？”

严子陵嗤之以鼻，回绝说：“你不用来了。老实说，我很怀

社会风情

两汉太学

光武帝认识严子陵的地方，就是在长安的太学里。西汉太学是汉武帝时设立的，第一批学生共五十人左右。后来大家说孔子开办私人学校，还有弟子三千呢，堂堂国立大学，怎么可以输给民办学校呢。于是开始扩招，到王莽时达到一万多人。公元 29 年，新建国不久的东汉，继续这项教育事业，恢复太学招生。

疑你的人品问题。能让天下百姓都高兴的仁人之心，不知道你具备没有？至于逢迎拍马、见机行事，我看你倒是学得驾轻就熟了吧？”司徒侯霸很没脸，对严子陵恨得牙痒痒。

却说严子陵天天享受着五星级待遇的服务，但对是否出来做官一事却闭口不提。光武帝没几天就按捺不住了，亲自上门拜访。他一见到老同学，就忙笑着打招呼。

严子陵眼皮都不抬一下，只自顾自地装睡。光武帝是出了名的有耐心，见到这种情况也不生气，只是径直进了他的卧室，坐在床边，拍拍老同学的肚皮说：“子陵啊，现在国家正是用人的时候，朕知道你才干卓著，要不你出山来帮帮朕吧。”

过了半晌，严子陵才懒洋洋地睁开眼，慢吞吞地回话：“就算是唐、尧那样的圣主贤君得了天下，说要找人才帮忙治国，都有隐士听到后，专门跑去洗耳朵。咱虽然读过书，但从来都不想做官，你又何必苦苦相逼呢？”

光武帝见他还是这态度，只好悻悻然地离开了。没多久，光武帝还是想念老同学，便索性把他接进宫里，跟自己一块儿住。严子陵能说会道，再加上装了一肚子的才华，光武帝只要跟他聊天，

野史秘闻

实践出真知

皇太子刘强向父皇刘秀请教军事方面的问题。刘秀告诉儿子说：“从前，卫灵公曾向孔夫子求教排兵布阵的学问，孔夫子没做任何指教。我儿，军事问题不是你能学得到的学问呀！”

准保废寝忘食。一天，他俩又聊到很晚，便睡在一张床上。睡梦里，严子陵一脚就搁到了光武帝的肚子上。光武帝醒后，也丝毫不介意。

谁知，这么私隐的事情，竟被司徒侯霸知道了。他暗道："哼，咱总算抓着严子陵的把柄了，看我怎么收拾他。"于是，他指使史官告状："昨天晚上，客星侵犯帝座，应该是有人冲撞皇上的威严。"

这话一出口，官员们都七嘴八舌地讨论起来，说要把那人捉拿问罪。光武帝却哈哈一笑道："你们想多了，哪里有什么冲撞？不过就是朕强拉着严子陵聊天，后来太累了，就凑合睡了一晚上。"司徒侯霸见皇上都这样说了，也不好追究，只得作罢。

严子陵在得知这件事后，心道："咱还没开始做官呢，就有这么多人在背后诋毁我，如果真要做了官，凭我的性子，估计也没几天好活了。"他越发坚定了不做官的决心，任凭光武帝怎么劝说，他都坚决回绝，离开了京城。

多年以后，光武帝又一次聘请严子陵出来做官，严同学依然隐居起来，坚决不出山。光武帝总算打消了这个念头，而严子陵便终生隐居起来，一直活到了八十岁，寿终正寝。

向历史借智慧

人各有志

中国历史上，隐居的人多不胜数。总结起来，无非就是两种：真隐士和假隐士。所谓真隐士，就是严子陵这种，无论当君王的怎么劝说，他始终如一，坚持走隐居路线不动摇；另一种假隐士，其实更多的是想借助隐居来提升知名度，从而走上仕途。但无论哪种，都是当事者自己选的路。

小心两个姓鲍的

历史上最有名的谏臣就要数唐太宗时期的魏徵了，不过光武帝手下，也不缺这种犯颜直谏的大臣，其中最为人称道的就是鲍永。

鲍永小时候家境很好，是个有名的官二代。可惜自从他老爸被王莽杀了后，一家人的生活就发生了翻天覆地的变化。当时，王莽为了斩草除根，还专门派人追杀鲍永。鲍永一直东躲西藏，直到后来国家爆发了农民起义，他才借机加入，给更始帝刘玄打工。

刘玄死后，光武帝就想把鲍永招到自己旗下打工。当使者前来招降的时候，有人就劝他说："更始帝这人没啥大出息，既然现在刘秀想要用你，你就抓紧机会，别不识时务了。"

鲍永是个犟脾气的人，他说："我以前落魄的时候，多亏更始帝收留，就算他没出息，咱也不能没义气，不是吗？在没确定老大是否真的死亡之前，我是不会投降的。"于是，他把光武帝的使者关押起来，又派人去打探消息。直到确定刘玄老大死了，他才答应这件事。鲍永决定投降了，便特地把自己的军队遣散，

庙堂真相

硬骨头了不起

汉光武帝刘秀所在的刘家，是南阳一带数一数二的大家族，按今天的话来说，刘秀的成分就是大官僚地主，刘家政权背后的支撑力量也是全国的大地主大家族，所以在东汉，豪强地主势力特别嚣张。而鲍永等大力打击豪强权贵，其实就是顶风作案，这样的硬骨头，真是了不起。

只带了几个随身跟班来找光武帝。本来光武帝还等着接手军队呢，结果见鲍永“裸奔”而来，不由得大失所望：没有军队了，你一个光杆司令，还有什么价值？

鲍永也是个直肠子，还大咧咧地说：“俺把以前的队伍都解散了，他们从前跟着我混，挺不容易的，现在我要转投您的旗下了，如果利用他们来为我自己谋好处的话，那就太不厚道了。”光武帝随便应酬了几句，心里暗骂，这个呆子，你觉得对不起他们，那我千辛万苦地把你挖过来，谁知到头来不仅要供你吃住，还要重新给你分配手下，我难道就容易？

光武帝不开心，从此以后，就对这个榆木疙瘩爱答不理的。鲍永可不管这些，照样该管的管，该骂的骂。当时，光武帝的叔父刘良，仗着自己是皇亲国戚，气焰不是一般的嚣张，不论见了谁，多大的官儿，说骂就骂，一点面子也不给留。一天，刘良跟官员张邯在城门相遇，各驾着一辆车，路窄，就堵在那儿了。

刘良一看就来气，破口大骂道：“你不过就是一个小芝麻官，咱可是皇上的叔父，怎么，你还敢跟我抢路？告诉你吧，这京城到处都是刘家的地盘，你再有本事也就是一打工的！”

野史秘闻

内心无畏的人最强大

在打王郎的时候，刘秀的军中人心有些动摇，部下中跟王郎暗通款曲的不少，战争结束后，这批来往书简被搜了出来。大家都很紧张，生怕刘秀会追究下来，刘秀很聪明，他将所有的将领都召集起来，又让人把书简抬出来，也不开封，便当众烧毁。他笑着解释说：“让大家都睡个安生觉！”这一招，后世不断有人学习。

张邯气得浑身发抖，刘良见了，更是嚣张，索性把看守城门的官员也叫过来，一同修理了一顿。这件事情很快传开了，很多官员都是敢怒不敢言，只有鲍永站出来，跟光武帝说："皇上，您的江山得来不易，不能因为在亲戚关系上牵扯不清，就导致人心离散，国不像国啊！"光武帝无言以对，只好把叔父刘良交给相关部门依法惩处。

当时，朝廷上敢说真话的人，除了这个鲍永外，还有一个姓鲍的，叫鲍恢，也是一个较真的主儿。这两个人都属于正义感超级强烈的人，无论是豪门贵族还是平民百姓，只要犯了法，他们都一视同仁。

对这两人的行事作风，光武帝也是很无奈，有一次，就在一帮亲戚面前感叹说："你们呀，平时做事还是收敛点儿吧，要是犯了什么事，让这两个姓鲍的知道了，那可就要吃不了兜着走了。"光武帝尽管这样说，但心中也很明白，正是有了"二鲍"这样的人物，自己的政权才能真正得以巩固，而鲍永等人的美名也一直流传至今。

向历史借智慧

容忍不畏强权的人

当一个人事业获得巨大成功，地位得到提升的时候，身边说真话的人就会越来越少。其实，并不是人们畏惧你，而是畏惧你的权势。越是这种时候，敢对你说真话的人越是难能可贵。因为众人为了有好日子过，自然免不了要讨好你，渐渐地，真情会离你越来越远，谎言倒是跟你只有一步之遥。历史无数次证明，只有容忍不畏强权、说真话的人，身后的事业才能获得长足的发展。

公孙述之死

新莽末年，群雄四起，大家不仅忙着抢地盘，还忙着自立当皇帝。刘秀的手下见状，着急了，便对他说："这种时候您就别玩谦虚了，赶紧做皇帝吧。您看公孙述那家伙，名不正言不顺，人家都知道当仁不让，您怎么就不着急呢？"

说起公孙述，这人的确称得上是刘秀统一天下前的强劲政敌之一。此人是个从小不愁吃穿的官二代，等到长大以后，他老爸又凭借自己混迹官场多年的关系，给他找了份差事。

公孙述可不是个败家的官二代，他上任以后，做了不少实事。开始的时候，老爸担心儿子没能力，还专门派了个秘书时刻提点他。谁知没两天，秘书回来了，汇报说："您儿子太有才了，处理公事简直就是一把好手，根本就不用我在那儿碍手碍脚的。"

他老爸很开心，从此就让儿子放开手脚做事。没多久，公孙述就闯出一些名声了，不但上司很重视这个能干的年轻小伙，就连当地的老百姓也对其交口称赞。领导们一高兴，就把公孙述调

庙堂真相

死于安乐是历史常态

蜀地富裕，生活在这里，安逸、富庶，也就消磨了斗志，所以历史上，极少有以蜀地为根据地，而能最终统一全国的。相反，历史上多的是像公孙述这样，偏安在天府之国，吃吃喝喝一年又一年，最终被竞争者消灭的政权。生于忧患、死于安乐，这可真是颠扑不破的道理啊！

到四川去当官。大家都知道，四川是个好地方，被称为“天府之国”，公孙述被调往这儿，也算是一项美差了。

如果是一般人，到了这种纯粹吃喝玩乐的地方，恐怕都会想先过上几年的逍遥日子再说，但公孙述到底不是一般人。他见自己现在事业有成，便按捺不住了，想寻求更高的发展。当时国家动乱，凡是有点本事的人都起兵造反了，公孙述不甘寂寞，也摇着旗子站起来了。

他先是派了一帮手下，扮成中央代表，装作来出差的样子，大张旗鼓地说是请公孙老爷继承皇位。那会儿没有电视、网络这些玩意儿，信息比较闭塞，老百姓也十分淳朴真挚，好骗得很。本来他们心目中就拿公孙述当父母官看待，现在有人说，父母官可以升级了，还能一升成为皇帝，大家自然没话说。

公孙述自立为帝后，为了好好体会一把当皇帝的感觉，特地派兵驻守在四川边界。四川是出了名的山多，本来古时候人们想要入川，就已经很不容易了，他又依据地势驻兵把守，这里还不是固若金汤吗？

就这样，暂与外界隔绝的他关起门来，开始享受当皇帝的滋味。

野史秘闻

得陇望蜀

公元 32 年，大将岑彭攻下天水（今属甘肃省）后，把隗嚣包围在西城。公孙述派兵来援隗嚣，驻扎在上邽，也被汉军包围起来，光武帝在洛阳给岑彭写信，鼓励前线将士们要继续努力，攻下两城，然后去把公孙述的老巢蜀地解决了，“既平陇，复望蜀”。这就是成语“得陇望蜀”的典故出处。可见，知足还是不知足，这事儿也是因人而异，得陇望蜀式的不知足，也是美德。

都说“一人得道，鸡犬升天”，公孙家的人看自已家出了个皇帝，便按捺不住了，纷纷嚷着要做大官。公孙述很大方，当时就说：“你们放心，既然我已经是名副其实的老大了，自然不同于以前给人打工的时候，别说封你们官位了，就是封个王爷当当都不是问题。”

于是，他先封了两个儿子为王，接着又把家里的亲戚全都安插在政府各部门。然而，公孙述的亲戚实在太多了，很多郡县都有公孙家的人当官。到了最后，大事小事的决策都是由他家的人管，其他官员根本就插不上手。有的官员不服气，站出来据理力争，公孙述也没好脾气，下通牒说：“咱现在是当皇帝的人了，哪还能由你们说三道四呢？今后你们只要听我的命令做事就行了，别发表太多意见。”

当老大的都这样说了，底下的官员们又都是懂得明哲保身的人，从此以后，对着老大只拣好听的说，有什么怨言都憋在心里闭口不提。就在公孙述享受当皇帝的好日子的时候，刘秀一看有人居然走在自己前面称帝，心里不爽，心想我一个姓刘的，在称帝这种事上都要谦让一下，你姓公孙的居然还这么嚣张！哼，早晚把你给收拾了。

庙堂真相

做人要有大局观

西汉皇室后裔刘林一见刘秀，就跟他说：“如今赤眉军势强大，但我有一个好主意，可以将他们杀得干干净净——挖开黄河的堤坝，教他们有死没生！”刘秀一听悚然而惊，斥责道：“为了灭敌得富贵，堤岸两边的百姓和万千生灵，竟然全不在你眼里？你不觉得太过残忍了吗？我即使因此得了天下，又有什么脸面为人！”

刘秀的决心可不是下着玩儿的，他从来就是个说到做到的人。在这一点上，公孙述是没法相比的，自从安守在四川以后，就不思进取，只想着过好日子。终于，在当了十二年皇帝后，公孙述迎来了自己的末日。

公元 36 年，四川的险要地势再也不能阻止汉军进攻的脚步，而公孙述在当地的人气早就跌落谷底，百姓们都盼着刘秀大军来解放自己。几个战役下来，公孙述身受重伤，死了，他建立起来的政权也迅速瓦解，公孙述落了个身死国灭的下场。

向历史借智慧

权力之争是一场淘汰赛

公孙述和刘秀都是在同一年称帝的，前后不过几个月的时间差，但其身后的王朝却是云泥之别。其实刚开始的时候，公孙述的实力并不弱，但自从当上皇帝后，他就安于现状，关起门来享受好日子。反观刘秀，他就算称了帝，依然南征北战，四处收买人心，终于成就了一番霸业。如果把双方看成两家公司，那么在这场占有市场的销售大战中，不进则退，谁要是躺在以前的成绩上睡大觉，谁就要被淘汰出局。作为个人，也是如此。

南阳不可问

光武帝刘秀在历史上是出了名的好皇帝，这可不单单体现在他力挽狂澜、统一天下上，其中还有他在治国方面的举措。这些政策措施使得国泰民安，重现了大汉朝曾经的辉煌。

然而，在他当政之初，国家的情况可以说是非常不理想。首先，多年的战乱导致人口锐减，土地没人种，生意没人做，就连首都也是百业萧条的凄凉景象。其次，因为战争频繁，不说人民的口袋了，就连国库里都没什么余钱。光武帝见到这种情况，便发布命令："要想人民富裕，国家创收，咱们先要做好普查人口和土地的工作。"

按理说，皇帝都发话了，下面的官员应该赶紧行动起来，到时也好邀功，以后升官发财也容易些，不是吗？可出乎意料的是，官员们口头上答应得好好的，等到落实工作的时候，南阳这个地方的事情和工作汇报有很大出入，当地的百姓也对这事很反感，屡屡提出抗议。

庙堂真相

不是每个硬骨头都有好结局

丞相韩歆是个硬骨头，说话也特直接，为此多次得罪过光武帝刘秀。公元39年，刘秀在上班的时候读隗嚣和公孙述的来往书信，韩歆撇撇嘴，说了句："这两位亡国之君都有才啊，当然值得学习。"刘秀一恼火，将他撤职，又下发公文大骂他，韩歆受不了这种侮辱，自杀了。

光武帝很生气，暗道：“不就是让这些家伙查个户口、登记一下土地使用面积吗？怎么能搞得百姓叫苦连天的？难道其中有猫腻？”

说来也巧，在查看各地的工作报告时，刘秀在河南陈留郡的公文袋里，发现了一张纸条，上面写着：“颍川（今河南禹州一带）、弘农（今河南灵宝市一带）这些地方能问，但是河南、南阳不能问。”

光武帝觉得很奇怪，便找来陈留郡的办事官员，询问是怎么回事。办事官员摇摇头，跟领导打马虎眼：“这可不是我写的，我是在洛阳的大街上捡到的，不小心就夹带到公文袋里了。”

这时候，光武帝十二岁的儿子刘庄，正在做家庭作业呢，从里屋搭了一句话：“你们别猜了，这纸条说的肯定是查户口和土地这件事。”光武帝一听，有这回事？你怎么知道的？

刘庄正色回答：“老爸，其实这件事情再简单不过了。这南阳是您老发迹的地方，姓刘的亲戚可不在少数。您现在当了皇帝，南阳自然是不回去了，而这帮亲戚除了那儿，也没别的地方可去了。但现在他们好歹是皇亲国戚了，占用一点土地，欺负一下老百姓，还会是什么难事吗？再说了，他们有您当后台，一般官员就是有

社会风情

光武新政

光武帝刘秀大搞改革：第一，释放奴婢、刑徒。这使得自西汉末年以来大量失去土地的农民沦为奴婢的问题得到了解决，也使得战乱之后大量荒芜的土地有人耕种了。第二，整顿吏治，提倡节俭。经过整顿之后，西汉末年吏治败坏、官僚奢侈腐化的风气为之一变。第三，薄赋敛，省刑罚，偃武修文，不尚边功，与民休戚。第四，提倡儒学，表彰气节。对王莽代汉时期隐居不仕的官僚、名士加以表彰、礼聘，表扬他们忠于汉室、不仕二姓的“高风亮节”。

心要查清楚，恐怕也不敢妄动不是？”

光武帝连连点头，直夸儿子说得有道理，转过身来对办事官员一顿大棒伺候，官员见糊弄不过去了，只好照实回答，说刘家的亲戚在南阳那儿为非作歹，无论什么官都拿他们没辙。光武帝听了，十分震惊，当下就命人彻查此事。果然，他的刘姓亲戚们在南阳这个地方胡作非为，压根儿不把当地百姓当人看。

这下光武帝急了，暗道：“我为了当个好皇帝，在这儿累死累活的。你们倒好，在南阳这地方窝着，用我的名声享受好日子，拖我的后腿。哼，朕这次一定不会放过你们的。”光武帝一道文件下去，命令严加查办，结果处理了一大批皇帝家的亲戚。

向历史借智慧

一人得道，鸡犬也沾光

“鸡犬升天”是社会上常见的一种现象。在你失意落魄时，留在你身边的亲朋好友屈指可数；而等你飞黄腾达，就算是隔着千山万水的亲戚，也能找上门来套近乎。这固然是人之常情，但对成功者本人来说，却是一大考验了。无论何时，只有守住自身拥有的权力地位，加以合理利用，才能使成功的道路走得更顺畅。否则那些亲朋好友们一旦滥用权势，最终受害的还是你自己。

刘强让太子位

当年，光武帝还在打天下的时候，不少人劝他自立为帝，起初他还不答应，跟人玩谦虚。等到当上皇帝后，万万没想到的是，儿子刘强也跟他玩起了谦虚。

说到刘强，就不得不从他老妈郭圣通这儿开始。大家都知道，光武帝年轻时候的人生理想之一就是娶阴丽华当老婆。这理想自然是实现了，可阴丽华不是他的大老婆。因为他后来为了争夺天下，壮大实力，又娶了家庭背景更好的郭圣通为妻。于是，后来者居上，曾经的正牌沦为了小妾。

这事要搁一般女人身上，恐怕得抓着老公一哭二闹三上吊了。可是阴丽华不一般，她不仅不怪老公，还忙着为对方开脱："我知道老公您不容易，怎么能再无理取闹呢？况且您有今天的成就，郭姐姐可是帮了您不少忙的，说什么也要让她当皇后不是？"几句话说得光武帝更是愧疚，他时刻提醒自己，无论如何，阴丽华都是我心中的大老婆，我打死也不做负心汉。

社会风情

避讳这件事

避父母名讳、避皇帝名讳，这些事儿很恶心，汉代读书人吃饱了撑的，对避讳这事尤其重视。刘庄原名刘阳，当上太子后才改的刘庄。登基为帝后，"庄"字就成了他的专有财产，谁也不让用，名字里有"庄"字的一律改名，书上有这字的一律用别字代替。于是，光武帝的同学好友"庄子陵"就改成"严子陵"了，道家经典《庄子》就改成《南华经》了。

后来，阴丽华生下儿子刘庄，光武帝对这位老婆更是宠爱有加。而身为皇后的郭圣通就抑郁了，天天唉声叹气：“明明我跟阴丽华都是跟你共过患难的夫妻，为啥差别就这么大呢？难道初恋情人真有那么与众不同？”郭皇后很郁闷，就是看见儿子刘强，也是经常苦着一张脸，很少有笑脸。

太子刘强见老妈郁郁寡欢，便暗自下决心：“没关系，只要我认真读书，今后当个好皇帝，老妈的日子肯定能苦尽甘来。”这边刘强刚刚下定决心，要来个人生的冲刺，那边他老爸就先下手为强，对外发表了换妻声明，对天下人表明了自己对阴丽华的真爱，以及对方一直以来对自己的不离不弃，并提到自己如果不立她为后，那么，自己百年之后，她和儿子刘庄说不定会重蹈西汉初戚夫人的路。

在这封换妻声明中，光武帝明确表示，自己一定要改立皇后，谁都不能阻拦。官员们见老大这次是铁了心了，也不好再说什么，只好让他自己看着办。于是，郭圣通不得不从皇后的位子上退下来，而阴丽华代替她成为大汉朝的第一夫人。

刘强震惊了，怎么老爸可以连老婆都不要的？那他这个儿子

野史秘闻

老实人刘秀的影响力

刘秀和刘縯哥俩，刘秀是好青年，专心种地，从不游手好闲；哥哥刘縯却性情刚毅，不务正业。王莽篡汉自立后，刘縯卖掉家产，一天到晚交结天下的英雄豪杰，准备干一番大事业，又看不上整天干农活的刘秀，经常笑话这个弟弟，把刘秀比作是汉高祖那只会种地的二哥刘仲。但刘縯刚宣布造反那阵，愿意跟随他的人很少。这时，刘秀站出来响应哥哥的号召，见此乡亲们也纷纷加入，他们说：“刘秀可是出了名的稳重厚道人，他都造反了，那这事儿肯定没错！”

不是更没上台的戏份了？再说了，老爸宠爱刘庄，这是人尽皆知的事。而且自己这个弟弟从小就聪明过人，今后长大了，多半跟自己不相上下。这样一来，自己以后当皇帝这事还有什么指望呢？

他本来就够不安了，结果身边又有人跟他说：“太子啊，郭皇后都成为过去式了。您想要保住自己的位子，郭家的权势是少不了的。可现在最大的靠山都垮了，您如果还坐在这个位子上的话，早晚会成为众矢之的。要我说，您还不如自己下台，一来面子上好看，二来也免去将来跟刘庄争夺皇位的时候，死得太难看。”

刘强觉得很有道理，就来给老爸打辞职报告：“老爸啊，我觉得自己的能力不够，恐怕将来不能继承您的皇位。我知道您打江山不容易，所以在选继承人上更应该慎重些不是吗？要我说，长子继承皇位这种事根本就是浮云，为了您的江山，您还是另外选个有能力的继承人吧。”

其实一直以来，刘秀对刘强都是抱有很大期望的，现在见儿子不想当太子了，当然不同意。他三番五次地劝其放弃这种想法，并表示你老妈下台跟你没关系，你今后会一直是太子，然后是皇帝。

刘强可听不进去，暗道您老现在是这样说，今后怎么样谁知

社会风情

举案齐眉

汉朝重礼，甚至到了矫枉过正的程度。举案齐眉说的是东汉初期梁鸿和妻子孟光的故事。梁鸿有贤德，看不上寻常女子；孟家有女长得胖、丑、黑，还是个大力士，看不上寻常男子。后来两人结为夫妻。一开始，孟女精心打扮，梁鸿看都不看，后来孟女改穿粗布衣服，梁鸿才觉得欢喜。孟女严遵礼节，做好饭菜后，都是低着头恭敬地把餐具举到眉前，请梁鸿吃饭。

道啊？就像俺老妈一样，当初嫁给您的时候，还觉得自己一辈子都是正室呢，可现在呢？不一样被阴丽华打败，待在冷宫不出来了。他为了让老爸答应自己的请求，从这以后，逢人就说自己不想做太子，只想当个闲散王爷，没事养养花、钓钓鱼，过逍遥快乐的日子。

他不停地给老爸递辞职报告，终于，刘秀烦了，说："你要辞就辞吧，以后让你去做东海王，你弟弟刘庄当太子，到时你可别后悔。"

刘强见老爸终于开了尊口，忙不迭地跪下，千恩万谢地表忠心："老爸您放心，咱今后一定好好当个王爷，辅佐弟弟，帮您守住大汉的江山，绝无二心！"就这样，在郭圣通被废之后两年，她的儿子刘强也从太子之位上下来，做了一辈子的东海王，直到病死。

向历史借智慧

退一步海阔天空

无论是真实的历史，还是现在虚构出来的电视剧，只要牵扯到皇帝的宝座，那么你争我夺这种情节就绝对避免不了。这其实不能怪编剧，而是争名夺利这种事情，从咱的老祖宗那儿就不缺少实例。无论何时，皇位的得来都不缺少血腥味，而刘强的主动让位才显得更加难得。

远离权力之巅，可能是舒服生活的不二之选！

马革裹尸

公元 44 年，常年在外征战的马援将军大胜而回，光武帝很高兴，逢人就夸这位老将军战功赫赫，是大汉朝的功臣。

说起来，马援从在光武帝手下打工开始，打仗的次数已经多不胜数。尤其是东汉建立以来，国内的战乱问题是解决了，可边疆的问题却烦人得很，让光武帝很是发愁。马援见到这种情况，就揽下重任："皇上，我这人天生喜欢打仗，从今往后，您指哪儿我就打哪儿，保证为您解决边患问题。"

光武帝知道他是个有能力的人，见他主动请缨，就高高兴兴地把边疆问题交到他手上。这一次，他的大胜而回让很多同朝的官员羡慕不已，人人见到他，都说："将军从开国以来，打了这么多次边疆战争，立了这么多功，难怪被封为伏波将军。哪像我们这些人啊，天天也就待在京城里，给领导出点儿馊主意，一辈子都没得升迁，惨啊！"

马援可不是傻子，自然听得出众人的羡慕和嫉妒。不过好在

庙堂真相

对老干部们有打有拉

历史上任何一个开国皇帝，对一起打天下的老干部们，主要是两种态度：打或者拉。西汉初是以打为主，大杀功臣；东汉初是以拉为主，大搞儿女亲家。光武帝刘秀让儿子刘庄娶了马援的女儿，对原河西军阀窦融也是搞联姻。但凡事有好也有坏，老干部们是拉拢了，但又渐渐生出来强势的外戚家族，窦融的曾孙窦宪，就是东汉历史上最著名的四大外戚中的第一个。

他是个大度的人，也不多计较。然而，其中有个叫孟翼的官员，马援一直都很欣赏他的才华和为人。谁知这次见了，他也跟别人一样开口夸赞：“马将军为大汉朝立了这么多功劳，真是太不容易了。您现在不仅是皇上面前的大红人，就是我也对您崇拜不已啊。”

马援一听，不高兴了，“别人说说场面话，夸奖我几句也就算了。倒是你，我一直都很尊重你的为人，怎么现在在官场中待久了，也变得随波逐流了呢？”

孟翼没想到自己夸人还反遭驳斥，当时就愣住了，憋红了脸，支支吾吾地不知道说什么好。马援看了他一眼，继续说：“人人都羡慕我是伏波将军，但武帝时候的伏波将军路博德立下的战功可比我大多了，而他受的奖赏却没有我多，这让我很是不安。你是个聪明人，怎么不在这上面多多提点我呢？”

顿了顿，马援又说，“现在国内虽然安定下来了，但匈奴、乌桓这些少数民族，他们屡屡侵犯边境，我哪有时间休息啊。咱身为顶天立地的男子汉，只有战死沙场，马革裹尸，才不枉此生。而躺在床上，死在儿女身边又算得上什么男儿呢？”

名臣风骨

伏波将军马援

相传马援是战国时期赵国名将赵奢之后。赵奢号马服君，秦灭赵后，子孙为避祸而以马为姓。马援被封伏波将军是在光武帝建武十七年（公元 41 年）。马援与其他开国功臣不同，大半生都是在“安靖边疆”的战事中度过。马援投靠光武帝时没人举荐，全靠自己打拼才晋升到高位。但好人一生不平安，他生前受到权贵的排挤，死后又遭到严重的诬陷。到明帝时，也未名列“云台二十八将”。

孟翼听到这里，不由得竖起大拇指，“是我愚昧了，只有将军您这样的人才是真正的大丈夫啊！”

马援是个说到做到的人。公元48年，周边的少数民族又发动叛乱，马援又主动站出来请战，光武帝说：“马将军您年纪大了，这战场是最危险的地方，朕怎么能让您去冒险呢？”

马援可不服老呀，当即辩驳说：“皇上，我虽然六十多岁了，可是身体还很好，骑马射箭都不在话下。而且我本来就是将军，不驰骋沙场，反而待在京城里享清福，这怎么说得过去？”说完，他就跨上战马，抽出宝剑，用力挥舞起来。

光武帝看他动作矫健，雄姿英发，丝毫不显老态，就哈哈笑起来，说：“好好好，我相信你的实力，这次出征还是由你带兵吧。”

于是，心愿达成的马援领兵出征。令人想不到的是，第二年的三月，军中暴发了瘟疫，马援也受到传染，出师未捷就因病去世了。

向历史借智慧

为理想奋斗的人很幸福

人生如白驹过隙，如果没有理想，浑浑噩噩地过一辈子，想想都可怕。想要不枉度一生，就给自己定个目标，树立个理想吧。看马援将军虽然在外奔波一生，三餐不继不说，还经常上战场拼命。在他人看来，或许马革裹尸是悲剧，但于他而言，却甘之如饴。其实，他人的眼光并不重要，重要的还是自己心中要有理想，那么，任何苦难都会如过眼云烟，一笑而过了。

光武帝驾崩

光武帝自从当上皇帝后，就对工作一直充满激情。他经常夜以继日地处理国家大事，有时候工作太忙的话，他甚至一边吃饭一边还跟官员们讨论问题。如果遇到意见相左，君臣之间也常常争得面红耳赤。

当皇帝的热爱本职工作自然是好事，不过光武帝从统一天下到建立东汉、治理国家，已经过去了几十年，年纪大了，身体总会有吃不消的时候。他的儿子刘庄就经常劝他："老爸，您现在都是上了岁数的人了，凡事别太操劳，要多注意休息。"

光武帝总是无所谓地摆摆手，"没关系，咱是人老心不老，只要做起事来就倍儿精神，你不用担心。"话是这样说，可他发现，自己力不从心的时候越来越多了。

人老了，难免会念旧。于是，光武帝时不时地会把以前跟自己打天下的功臣们请进宫，一起喝酒聊天。一次，他问在座的战友："如果我们从来没有经历过乱世，而是活在太平盛世里，你们觉

庙堂真相

皇帝为什么就不会是我呢？

刘秀还是一介平民时，一次和姐夫邓晨到别人家去做客。当时大家都在看谶书，书中说："刘秀当为天子。"旁边的人说：这个刘秀应该是国师公刘秀（当时新朝的国师公刘歆恰巧刚刚改名为刘秀）。光武帝却说："安知非仆？""仆"是自谦的说法，意思是说，凭什么断定书中说的刘秀就不会是我呢？旁边的人听了一阵哄笑。光武帝登基后的第三年，和邓晨再说起这件事。邓晨从容地对光武帝说："仆竟然做到了！"光武帝听后大笑。

得自己会干什么工作呢？”

有人当下就回答说自己肯定会当个研究学问的教授，有的回答自己多半当个小县官，有个叫马武的将军站起来说：“我体格好，又会功夫，肯定会当个专门抓贼的警察。”

光武帝调侃说：“哈哈，马武你别逗了，你自己就是贼，想要进官府只有一条路，那就是自首。”众人一听，顿时哄堂大笑。

当然，老年的光武帝可不只忙着联络感情，他对于自己的名声也开始在意起来。起初，有官员见他把国家搞得有声有色，就提议说：“皇上，您看秦始皇、汉武帝这些人都去泰山祭拜天地，告诉天下人自己的皇位是上天授予的。您现在也算是功业有成了，要不也去搞个仪式？”

光武帝当场拒绝：“我之所以当皇帝，就是想让老百姓们有好日子过。现在如果搞这些虚礼的话，不就劳民伤财了吗？以后谁都不准提了。”他当时倒是拒绝得异常坚定，可现在老了，就有点后悔以前把话说得太死，害得现在都没人敢跟他提泰山封禅的事情了。

光武帝很着急，毕竟自己年纪大了，要是哪天一命呜呼，封

野史秘闻

光武中兴

在中国历史中，光武帝刘秀是唯一一个同时拥有“中兴之君”与“定鼎帝王”（即开国皇帝之意）两项头衔的皇帝。这从他的庙号“世祖”可以看出：国号汉，即是承西汉而中兴；庙号祖，即开疆拓土的开国之君。南宋时，大臣也想谀美一下宋高宗赵构，讨论他的庙号时，也提出了“世祖”，最后经过讨论，被否决了，因为大家都打心眼儿里觉得宋高宗不配。

禅这种大事不成浮云了吗？为了自己着想，他开始到官员那儿吹耳边风：“咱也在岗位上辛苦了几十年，现在老了想要个名声，你们难道不想帮帮朕？”

皇上都提要求了，官员们赶紧跟上，开始发表意见，对他歌功颂德，并一再表示他是天命所归，应该去泰山搞个仪式，昭告全天下的老百姓。光武帝很谦虚，再三表示不愿劳民伤财，但心里面甭提有多爽了。

公元56年，光武帝终于得偿所愿，领着一帮官员出发，前往泰山。光武帝刚一上路，就再也装不了淡定了，一路上催着大家伙赶路。于是，上到达官贵人下至侍卫仆从，不得不跟着他日夜兼程，只用了十来天就赶到了泰山。等众人一到目的地，才发现封禅的前期准备工作还没结束。

有人感叹说：“老大你淡定了一辈子，这次总算憋不住了啊。”队伍到达泰山十多天后，准备工作才算完成。光武帝很兴奋，当下就让大家抓紧时间，赶紧进行封禅。于是，众人把他打扮好，又把柴火点燃，奏乐的奏乐，念稿子的念稿子。光武帝坐上车，被人抬上山。接着，他登上祭坛，面朝北方，叩拜天地，向众人

名臣风骨

自扬家丑的王充

写《论衡》的大学者王充，第一次明确提出“神灭无鬼”的观点，认为人有生即有死，死后如灰灭，所以根本没有鬼的存在。王充出身元城王氏，跟王莽是同族，后来虽然家世衰落，但瘦死的骆驼比马大，族人飞扬跋扈、横行乡里甚至杀人越货。王充把祖上这段不光彩的历史如实写下来，结果被人大骂，到了唐朝还有学者说他不孝，为“三千之罪人”。看来，家丑不可外扬啊。

宣告自己是真龙天子，仪式就此完毕。最后，众人又按原路返回。

光武帝的这次封禅可累坏了全国的老百姓，大家出钱的出钱，出力的出力，总算完成了他晚年的最后一个心愿。而他自己经过一番折腾，本来就衰老的身体更是每况愈下，在第二年的春天就离开了人世，儿子刘庄继承皇位，史称汉明帝。

向历史借智慧

形象工程累死人

封禅是中国历史上最重要的一项形象工程，有点成绩的皇帝都想搞一下，但纵观历史，到泰山封禅的皇帝一大堆，真留下好名声的有几人？别的不说，只谈唐高宗李治，他在众多皇帝中，其实不过是个平庸之辈，相较而言，他老爸太宗李世民倒是个有口皆碑的明君圣主。然而，太宗到死，都没有上泰山封禅，难道这折损他一丝一毫的名声吗？可见，封禅不过是虚名，重要的还是你是否为百姓奔波一生，为后人作过贡献。

第二章　承平日久

汉明帝刘庄时代相当于西汉文景之治的时代，汉明帝是位不可多得的守成之主兼开创之主。他重用贤臣良将，轻徭薄赋，向全国传播慈悲福音。所以从公元57年到75年，这段时间是东汉历史上最好的时代，国家繁荣昌盛，百姓安居乐业。

可惜的是，公元75年，汉明帝去世，东汉的大好局面没能持续，开始走向下坡路。

汉明帝请佛

汉明帝刘庄自从继承老爸的位子当上皇帝后，就一直兢兢业业地埋头工作，不仅保住了光武帝经营多年的基业，还使得国家日渐繁荣起来。在历史上，他的名气虽然没有老爸刘秀来得响亮，但任职期间的表现还是很出色的。

明帝在治国上，跟随老爸的路线，推崇儒家思想。而他自己也是身体力行，成为尊师重道的模范代表。明帝当太子的时候，有一个叫桓荣的老师，两人一直维持着很好的师生关系。等到他当了皇帝，还经常去看望老师。一次，桓荣生病了，明帝又是找医生，又是送补品，对老师照顾得无微不至。

但桓荣还是因病去世了，明帝伤心之余，更是身披孝服，亲自去送葬。这番举动，赢得了大家的交口称赞，很多官员也开始熟读儒家经典，甚至连宫里的侍卫都能背诵《孝经》。明帝见识了自己的影响力后，嘴上不说，但心里还是暗爽不已。他心情好了，不仅吃得香，睡觉也是美梦不断。

庙堂真相

文化交流是活水

佛教最初传入中原地区，就是从汉明帝时开始的。佛教对中国文化产生了深远的影响。哲学上，催生了中国化的佛教——禅宗；佛经里有不少故事，影响了当时的文学创作，特别是小说——唐宋传奇；佛教的唱经讲究声韵和抑扬，这促使了四声的产生和律诗的出现；还有天文历法、医药、雕塑彩绘等。文化交流就好比一股活水，从长远来看，都是有益的。这就好比做人，多接触不一样的文化和生活，总是好的。

一天晚上，他做了个梦。梦中，有一个身长一丈六尺的金人，头放白光，从远处的天空飞进宫里，在殿庭中环绕。第二天，明帝就跟官员们说起这事，问道：“你们当中有谁知道这金人是怎么回事，尽管说出来，朕也好看看是吉是凶。”

众人一听，都慌了神。毕竟这老大平时只过问政事，闲杂事情很少提及。现在日子越过越好，他竟突发奇想，要人解梦。大家扼腕叹息，都后悔出门前没有看看《周公解梦》。就在这时，有个平时负责收发文件的官员站了出来说：“皇上，我听说周昭王时，国家发生了天灾地祸，在西方出现了五色的光华。当时就有官员推算出，在西边的某个地方肯定有圣人降生。”

他见明帝听得来了兴致，便接着说，“据说这个圣人的思想可以普度众生，一千年后，他的道义会传进我国。依我看，皇上您昨晚梦到的金人，多半就是他。而且现在西域那边有个神人，受到很多人的追捧，家家户户都有一本他的著作，人们称呼他为‘佛’。”

明帝听到这里，兴致更是高涨。心想咱在这儿累死累活地做表率，儒家的普及范围不过就到知识分子。这个佛死了一千年，

社会风情

洛阳白马寺

白马寺是我国中原地区第一座佛教寺庙，白马寺也因此被认为是我国佛教的发源地。后代的高僧甚至外国名僧也来此览经求法，所以白马寺又被尊为“祖庭”和“释源”。最早来汉传法的两位高僧——迦什摩腾和竺法兰圆寂后就埋骨白马寺，现在还留有坟冢，成为白马寺有名的景点“二僧墓”。

怎么就能不费吹灰之力，让人人都奉他为偶像呢？于是，他立马说："咱们大汉也应该走多元化路线嘛，朕准备找人去西域那边考察下情况，如果可以的话，就把那个佛引进来好了。"

明帝就派遣了叫蔡愔和秦景的两个官员去西域请佛。蔡愔和秦景带着一帮人，跋涉万里，走了一年多，才到达目的地。果然，那里到处都有寺庙和宝塔，人手一本佛经，出家人更是遍地跑。蔡愔等开始四处搜集佛经佛像，临走前还专门请了当地的两位得道高僧，跟着一块儿回去。

他们取经回来后，明帝亲自召见了这两位僧人，并说："你们大老远地过来，真不容易啊。我看你们就在这儿住下，过两天我让人给你们修座寺庙，你们正好用来宣传一下佛家思想。"

明帝的话很管用，没多久，寺庙就建好了，两个僧人住了进去。因为有感于把佛经佛像驮到大汉来的是匹白马，大家索性就把这座寺院称作"白马寺"，后来，蓬勃发展的佛教就此在中国扎了根。而明帝本人，则没两天就忘了佛教的事，并表示："我的一生以追求儒家教义为己任，佛教，还是留给后人去开发吧。"

向历史借智慧

做个有影响力的人

明帝是大汉朝最大的领导，他的一言一行难免会受人追捧，因此，在他的时代里，儒家思想更是得到了广泛传播。或许有人说，正因为他是领导者，下面自然不缺乏追随者。其实不然，中国历史上这么多皇帝，各有各的不同，然而能真正做到天下表率、引导他人的又有几个呢？所以说，做有影响力的人跟你的职位高低无关，最重要的，还是要有强大的精神做支柱。

楚王罪案

众所周知，汉明帝最初并不是第一顺位继承人，他的皇位还是多亏了前太子刘强的主动请辞才得来。也正因为如此，明帝登上皇位后，对这得之不易的地位极其看重。

明帝刚即位没多久，其同母弟弟刘荆就写信给刘强，说："其实这皇帝应该是你来当的，结果现在被我哥哥霸占了。不过好在你的封地不错，你完全可以借助这个便利，在东海起兵，跟我哥哥一争天下。当然，必要的时候，我愿意无偿帮助你。"

刘强是个胆小怕事的人，收到这封信后，想都不想就主动上交了。明帝气坏了，他万万没想到，这个弟弟刘荆和自己是一个妈生出来的，竟然也起了图谋不轨的心。亲弟弟尚且如此，更何况是其他人呢？

从这以后，明帝对于周围人的疑心越发重了，不仅派了很多人监视朝中的官员，就连自己的兄弟们也不放过，而楚王刘英就是其中最倒霉的一个。刘英是光武帝和许美人生的儿子，从一出生，

庙堂真相

明帝是个勤奋皇帝

汉明帝在位十八年，享年四十八岁，庙号显宗。史书说他脾气暴躁，根本不像父亲光武帝和母亲阴丽华。但明帝也有中国人民常有的一大美德，就是勤劳，为了工作，他经常早起晚睡，加班加点也从不抱怨。而且管理上也有一套，驭下有术，对官吏苛刻，对百姓继续休养生息政策，国家很快步入一个好时代。

好运就和他相距十万八千里远。原因无他，就是因为他的老妈不受宠。

许美人自己不受宠，就算生了儿子也起不了多大作用，毕竟皇帝的情人千千万，难道还会缺少给自己生儿子的人吗？刘英从小就不招人待见，等到光武帝去世，明帝即位，他就被分配到湖南、湖北一带去当楚王。以现在的观点来看，湖南、湖北还是很不错的，不过在东汉时候，那就是一个鸟不拉屎的地方，除了荒凉还是荒凉。

刘英是个吃惯苦的皇子，当知道自己是去当楚王的时候，心态调适得还算不错。虽然那地方荒凉了点儿，但自己好歹是个王爷，难道下人们还会让自己吃不饱穿不暖？顶多就是娱乐设施差些，美女少了点儿，其他的也就没啥了。于是，安于现状的楚王在那里待了很多年。后来，明帝引入佛教，他更是响应中央的号召，迷上了佛法，天天念佛经，寻思着自己哪天也能超度。

当然，刘英身为楚王，爱好并不仅限于念佛经、学佛法，他还迷上了算命这些旁门左道。按理说，一个王爷有点无伤大雅的爱好，这是无可厚非的，可有人却不这样想。当时，有个叫燕广的人就站出来对明帝说："皇上啊，楚王是众多皇子中不受待见

社会风情

明帝改革三板斧

明帝上台后，一改光武帝的怀柔政策，采取了刚猛的政策：一打击宗室，二严防外戚，三抑制功臣豪强。马皇后（即马援的女儿）一家兄弟们都位不过九卿。阴太后的弟弟阴就，其儿子阴古是驸马，阴古杀了公主，当时太后还在，但明帝将阴古处死，阴就夫妇也自杀了。馆陶长公主想替儿子求个郎官做，明帝宁可送给外甥一千万钱，也不答应给官。对窦融一家的打击更大，除了窦融，其他人全被赶回老家。

的一个，在楚地憋屈了这么多年，难道会没有怨气？您看他现在又是念佛又是算命的，莫非是想改变天命？我觉得您还是先下手为强，要是等到他真的造反那天，说什么都晚了。”

明帝本来就是个疑心重的人，听到这话便觉得刘英有意谋反。接着，燕广又说刘英和豪强、游侠、算命先生这些人联系紧密，说白了就是在谋划造反一事。明帝信以为真，当时就想直接把人抓来杀了了事。可对方毕竟是自己同父异母的哥哥，如果真的动手了，天下人不就会说自己人情味淡薄，不配做表率了吗？

最终，明帝只得放下杀念，把刘英从楚王之位上驱逐下来，发配到丹阳泾县。刘英很郁闷，心道，咱过了这么多年苦日子，到头来不仅没功劳，反倒差点连性命都不保。作为一个皇子，这简直太窝囊了。想到这儿，刘英便觉得生无可恋，索性自杀了。

刘英死了，明帝彻底没了顾忌，于是下令：“咱哥哥没准儿是畏罪自杀来着，这样看来，过去曾跟他有过联系的人，恐怕都不简单啊。朕为了维持国家的安定团结，一定要把这些人统统抓起来，审问清楚。”

明帝一声令下，官员们都一一照办，开始在全国抓人。按理说，

名臣风骨

福祸相倚

樊鯈和樊鲔是寿张侯樊宏的儿子，樊鲔想跟楚王刘英结为亲家，樊鯈知道后劝他：“父亲在时，咱们家无比显贵，那时只要父亲一句话，儿子可以娶公主，女儿可以配亲王。但是父亲觉得富贵盈溢会招来祸患，所以不做这样的事。”樊鲔不听，后来刘英谋反被流放，亲近的人都被牵连，汉明帝看在樊鯈的分上，放过了樊家。

刘英一辈子待在楚地，认识的人毕竟有限，能牵扯上关系的也就百来人。但明帝不甘心，他要把一切谋反的苗头扼杀在摇篮里。于是，跟这百十来人有关系的亲朋好友，甚至是点头之交也全部落网，不是被抓就是被杀。

一时间，洛阳城中人人自危，官员们提心吊胆，就怕自己跟死去的楚王牵扯上一丝半毫的关系。大家私下里都唉声叹气地说："咱们现在能保住性命，看到明天的太阳就谢天谢地了，哪还有心思好好上班啊。"有些大胆的官员忍不住了，就出来说："皇上，楚王都死了，就算真有人造反，现在也没有领导人了，这反还怎么造？您要是再查下去的话，全国人民都得被白色恐怖笼罩了，那国家还怎么发展？您老爸打下的基业恐怕就危险了啊。"

一语惊醒梦中人，明帝这才醒悟过来，当即下令："楚王这事就算了，那些还没被杀的人也统统释放了吧。朕保证，今后再也不追究这事了，大家都安下心来好好工作，大汉的兴旺还要靠你们出力呢。"

楚王罪案在株连了上千人后，终于结束，而明帝的皇权也因此得到进一步巩固，满朝上下再没几个人敢觊觎他的皇位了。

向历史借智慧

舍与得的人生课

功名利禄、位高权重，但凡是在事业上有野心的人，在听到这些词时，免不了要热血沸腾。人活在世上，追求高官厚禄、功成名就本来无可厚非。然而，我们在得到的同时，也免不了会失去许多东西，得与失之间，是否值得，就要看各人的盘算了。从明帝的角度来说，"得"无疑是幸运的，但在"得"之后，也应该把心态放平，总是疑神疑鬼，心里牵挂的全是敌人，吃不香睡不好，那岂不是失去得更多了吗？

不入虎穴，焉得虎子

汉明帝时，边关仍有许多没解决的隐患。公元 73 年，明帝一边准备和匈奴作战，一边任命班超等人为外交官，出使西域，重新和各国建立友好关系。

班超是著名史学家班固的弟弟，他刚进入政府部门工作的时候，不过就是个负责抄写文书的官员。他为了生计，不得不天天伏案抄录。出人意料的是，这个默默无闻的小职员，有天竟当着众人的面，把笔狠狠扔在地上，叹道："我既然身为男儿，就应该像西汉时候的傅介子、张骞那样，在战场上建功立业，怎么能把时间浪费在抄写文书这种事情上呢？"

众人见他发牢骚，都不由得嘲笑起来："你别逗了，咱现在能够在政府部门里当个小公务员，就是很多人求之不得的事了。你居然还想着上阵杀敌，简直是不知天高地厚。"

班超脾气也不小，当时就回道："目光短浅的人永远都不明白壮士的志向啊。"

庙堂真相

选对人真的很重要

班超在西域待了二十多年，经营西域大有成效。根据经营二十年的经验，班超在退休时告诉继任者任尚说："西域各国尚未开化，为政不能太严厉，要有弹性，要大事化小、繁事化简。"但任尚不听老人言，一改班超作风，不久西域就闹事，和平远去。一个好的开始，只因为一个不称职的接任者，就没能换来一个好的结局，真是不幸！所以说，选对人真的很重要。

之后，一心想改变命运的他还去找算命先生看相。那算命先生也是个会讨巧的人，见到他后就说："您不是一般人，将来凭借军功封侯万里之外，根本就不是什么难事。"这话一说，班超更坚定了要改变命运的决心。

这次，明帝派他出使西域，很让班超兴奋了一把。他先是带着一帮人来到鄯善国（今新疆一带）联络感情。鄯善国王很热情地接待了他们，笑着说："你们大汉地大物博，咱们这些小国家的人羡慕都来不及。现在你们远道而来，一定要在这里多住些时日，我包吃包住，一定让你们吃好玩好。"

之后，国王便把他们安排在五星级宾馆里，好酒好肉招待他们，还告诉他们，如果遇到喜欢的美女，可以随便挑。班超等人很开心，没想到自己刚一出家门，就凭着自己国家的名声享受到了贵宾级待遇。可是没过几天，当他们想再见见国王的时候，却被拒绝了。不仅如此，先前十分热情好客的鄯善人端水倒茶也没那么勤快了，有的甚至都不给好脸色。

班超当下就说："这鄯善人变得可真够快的，我看多半是咱们的死对头——匈奴那边派人过来了，鄯善国王又轻信了他们的

野史秘闻

班超一家人

班超出身文学世家。父亲班彪，写成史书《后传》六十余篇。哥哥班固在父亲作品的基础上修成《汉书》，小妹班昭是我国历史上第一位女历史学家，完善了《汉书》。班昭还屡次入宫给皇后、贵人上课，大家都叫她曹大家（班昭夫姓曹）。班超的那两句"不敢望到酒泉郡，但愿生入玉门关"，也是情溢于辞。

胡言乱语。”

于是，他把负责接待他们的使者找来，状似无意地问：“这匈奴人都来了好几天了，你知道他们啥时候走吗？”

使者顿时愣住了，心中疑惑不已，心想上面不是给了指示，不让自己告诉这些汉人有匈奴人来访，那他们怎么知道的？难道任务已经解除了？使者支支吾吾了半天，最后只好说：“匈奴人还没走呢。”

班超见自己的怀疑果然是真的，马上就吩咐手下说：“快把这个使者关起来，不能让他走漏了风声。”

之后，他把自己带来的三十六个手下召集到一块儿，请大家喝酒吃饭。当酒喝到一半时，班超把酒杯一放，开始做动员工作：“咱们不远万里，来到西域这个地方，就是想立军功的。可是现在非但立不了功，鄯善国王还听信匈奴人的片面之词早晚都会把我们抓起来，送给匈奴人。如今看来，我们同处于生死一线，你们说应该怎么办？”

众人本来就已经喝得酒劲上头，听他这样说，便纷纷表示：“我们现在同坐一条船，您又是我们的老大，您有什么办法尽管说出来，

名臣风骨

袁安正直

袁安任楚郡太守，奉命调查楚王刘英案。袁安调查完后，准备上奏朝廷，把证据不足的罪犯都放了。郡府的大小官员都不同意，觉得叛逆者的同党依法同罪，不能释放。袁安却说：“这些人只是被牵连，并没有参与叛逆，如果朝廷怪罪下来，由我一个人承担，不会连累你们的。”汉明帝看过袁安的奏书，同意了，于是四百多人因而获救。

我们一定照办。”

班超见大家的意见都已统一，就接着说：“不入虎穴，焉得虎子？依我看，趁现在匈奴人还不清楚我们的实力，给他来个先下手为强，把这些匈奴人统统消灭。到时鄯善国王见识了我们的英勇后，就不敢再造次了。”

当天晚上，班超就带着这三十六人，来到匈奴人驻扎的营地。此时刮着大风，他就把队伍分成两组：一组拿着战鼓，藏在营地后面；一组拿着武器，埋伏在营地两边。等他一声令下，放箭的放箭，敲战鼓的敲战鼓，还有的直接拔出刀剑，将四处逃窜的匈奴兵一一砍杀。喊杀声震天，匈奴兵本就来不及反应，听到从四面八方传来的叫喊声后，还以为有成千上万的汉军来到，纷纷乱了阵脚，毫无招架之力。

班超见状，更是亲自上阵，手刃了三个匈奴士兵。没多久，匈奴这边就死的死，伤的伤，遭遇了惨败。

鄯善国王很快得知了这件事，暗自庆幸自己没有冲动行事，投靠匈奴人，否则这些汉军报复起来的话，不是连他自己也要遭殃了吗？想到这儿，他便连忙带上厚礼，前来看望班超等人，并

名臣风骨

卓茂之马

大臣卓茂，为人诚恳宽容，不喜争执。一次出门，被人拦住，非说卓茂骑的马是他一个月前丢失的马。卓茂心想，我这匹马已经好几年了，怎么会是你的呢，但也没多说，默默解开马绳交给那个人，只是说：“如果发现不是你的马，你可以把马带到丞相府还我。”后来，马的主人找回自己丢的马，就到丞相府还马，向卓茂磕头道歉，卓茂也不怪罪他。

再三表示：“咱们鄯善国从此以后就跟着大汉混，只要大汉不抛弃我们，我们就永远尽忠。”

就这样，班超凭借着自己的智慧和勇敢，赢得了鄯善国和大汉缔结的友好盟约。

向历史借智慧

畏首畏尾不会获得成功

在通往成功的路上，总会遭遇各种各样的艰难险阻，而很多人正是败在了这些困难面前。其实，遇到困难想退缩，是人之常情。不过，越是这种时候，我们越要迎难而上。只有真正经历过险境，付出过努力，才能到达成功的彼岸。而一贯的退缩，只会让自己的人生处处充满失败。

冷静的马太后

要说东汉初年的成功人士中，最让人羡慕的莫过于光武帝刘秀了。他不仅事业顺心，还娶了个聪明能干的老婆阴丽华。这种好运道，就连他儿子汉明帝都羡慕不已，更在心中暗暗许愿："今后一定要娶个跟老妈一样温柔贤惠的老婆，男人嘛，就是要没有后顾之忧，才能一心奔事业啊。"

当然，这事不光明帝自己操心，他老爸老妈也是放在心上，时时为他物色最佳老婆人选。说是物色，但明帝毕竟是皇二代，朝中很多官员挤破了脑袋，都想把自己的女儿送进宫，这当中就有马援的女儿——马明德。

那时候，一生征战沙场，最后马革裹尸的马援已经过世，马家也渐渐衰落。年仅十三岁的马姑娘更是遭遇了退婚事件，极有可能沦为东汉时期的剩女一族。堂兄马严就站出来说："急什么？嫁给官二代哪有嫁给皇二代来得体面？皇上有这么多儿子，很多都还没有婚配，不如我上书给他，说要把咱家的女孩儿送进宫。"

名臣风骨

明德马皇后

马皇后谥号明德，她能成为皇后，也全在明德。马氏进宫时，家道衰落，而且一直没有生子，后宫还有一位阴贵人，是明帝的表妹、阴太后的侄女。但"德者必有邻"，马氏品行高尚，孝顺温和，老公宠爱，婆婆喜欢，立后之路上的重重困难就这样被克服了。章帝刘炟即位后，尊养母马皇后为皇太后，而生母贾贵人什么封号都没有。

光武帝很给马家面子，收到信后，就派看相的来给马家的女孩儿们看相。当相士看到马姑娘时，见她长得端庄美丽，一身贵气，全身上下只有左眉角有点缺陷，便说："这女孩儿长得很有福相，将来肯定是个身份尊贵的人。"

光武帝心想，既然有福相，那配给太子刘庄不正好吗？今后儿子当皇帝，身边再加个有福气的老婆，那大汉岂不欣欣向荣？于是，马姑娘就这样顺利地进入后宫，嫁给了刘庄，也就是后来的汉明帝。

后来的种种事实证明，马姑娘不仅人长得漂亮，还十分聪明能干，和婆婆阴丽华不相上下。当楚王刘英的案件爆发后，一向疑心很重的明帝抓了很多无辜的人，致使朝廷上下惶惶不安。

马皇后很明事理，知道老公再继续追查下去的话，不会有好结果。于是，她开始在老公这儿吹耳边风："老公，楚王事件里最大的阴谋家不就是刘英吗？他现在都死了，您一来已经杜绝了后患，二来也在群臣面前立了威，相信没人敢造次了。既然这样，您怎么还要继续错杀无辜呢？这样下去，是会引来百姓怨怒的啊。"明帝见她言辞恳切，看问题很通透，便下定决心收手。从这以后，

野史秘闻

"该我起兵了"

汉明帝同胞弟刘荆因阴谋夺位，被改封到广陵。到封国后，有一次，刘荆对相士说："我的相貌很像父亲。他三十岁打天下，我如今也三十岁了，是不是也到了该起兵的时候？"相士吓得脚软筋麻，立即告发。明帝不忍心对弟弟下手，只是稍加惩戒。没想到，刘荆不久又故态复萌，找人诅咒汉明帝，被人告发，刘荆自杀。

明帝但凡在政事上遇到自己想不透的地方，就经常拿出来跟皇后商量。

汉朝皇帝最头疼的内部问题之一，就是外戚干政这件事。明帝在世的时候，为了限制外戚权力，多方打压。等到他去世，马皇后当上了太后，怎么处理外戚的问题就落到了她的头上。

明帝刚刚去世的时候，按规矩来说，是不许任何人擅自进宫的。然而，马太后的兄弟们一听说皇帝驾崩，就想来闯宫，说是要吊唁。当时，一个叫杨仁的官员出来阻止，马家兄弟们便嚷道："咱虽然没得到进宫的通知，但我们是马太后的兄弟。要知道，现在后宫里边马太后最大。哼，你现在要敢阻拦的话，等咱坐大的一天，有你好受的！"

明帝的儿子、新上台的章帝得知后，就去告诉老妈，问她该怎么办。马太后镇定自若地笑着说："杨仁做得很对，现在你老爸刚死，是非常时期，闲杂人等怎么能进宫呢？就算他们三人是我的兄弟，我也不能走后门，否则这样还怎么服众？"而且因为尽忠职守，杨仁还得到了升迁。

章帝即位后，有的官员想通过讨好马太后来获得好处。他们

庙堂真相

不可亲近外戚

马太后编撰《显宗起居注》，把有关哥哥马防侍奉明帝治病的记录都删了。章帝质疑，马太后回答说："我只是不想让后世知道你父皇亲近外戚。"章帝想给几位舅舅授爵，马太后不同意。后来又有大臣上书请求对外戚封侯，马太后说："凡是上书请求此事的人，都是想奉承我以求富贵。外戚富贵很容易带来灭顶之灾，所以皇上要小心，不要让外戚占据要害位置。"

对章帝说：“皇上，最近国家闹旱灾，这恐怕跟您上台以后没有给马家的人封侯有关啊。您想，您老妈劳苦功高，现在又贵为太后，而娘家的人至今还无权无势，这说得过去吗？您身为人子，实在应该提携一下马家啊。”

章帝想想，觉得很有道理，就给老妈提议，说想提拔一下马家。马太后沉思半晌后就说：“儿子啊，你怎么能轻信这些大臣说的话呢？他们不过是想借着讨好我的机会，从中谋取好处。你做皇帝的，应该时刻保持清醒的头脑才行啊。”

章帝虽然明白大臣们的心思，但还是说：“老妈，咱跟舅舅们的关系还不错，但登基以来，都没给他们升过官，心里真的很愧疚。您不能为了自己的好名声，就委屈儿子，让天下人说我刻薄寡恩吧？”

马太后见儿子还不死心，就劝解他说：“咱现在已经是太后，你也是皇上，马家说白了，就是名副其实的皇亲国戚，这难道还不尊贵吗？况且马家的吃穿用度都是靠国库养着，这难道还不够吗？我知道你孝顺，但是国家现在还有很多没解决的问题，那才是做皇帝应该重点考虑的啊。这些问题还是等你把国家治理好了

名臣风骨

蔡伦造纸术

蔡伦的造纸术被列为中国古代“四大发明”之一，对人类文化的传播和世界文明的进步作出了杰出的贡献，千百年来备受人们的尊崇。蔡伦被奉为造纸鼻祖、“纸神”。他是汉明帝时宫中的宦官，总结以往人们的造纸经验，革新造纸工艺，终于制成了“蔡侯纸”。汉和帝时，朝廷下令推广蔡伦造纸术。公元 121 年，蔡伦陷于权力斗争中，自杀身亡。

再说吧，到那时我就好好给你带孙子，不再干涉你了。”

可惜的是，这个太后并没有等到含饴弄孙的那天。公元79年，马太后因病去世，年仅四十岁，死后跟明帝合葬在一块儿。马太后终其一生，都在为大汉的江山考虑，抑制外戚势力，崇尚节俭，受到了很多人的敬仰。

向历史借智慧

保持冷静，看清自己

当今社会，走后门、拉关系的事情多不胜数。而像马太后这样的领导，最是罕见。她之所以能做到公私分明，究其原因，还是因为无论她身处何等高位，都保持着一份冷静和清醒，并时刻提醒自己，要懂得今天的地位是多么来之不易。再者，她清楚地认识到，人处在什么岗位上，就应该做什么事，不能乱用职权便利，为自身谋利益。正是这些优点，才使她成为一个为人称道、万民拥戴的太后。

周纡治京城

马太后过世后，朝廷中少了个抑制外戚实力的重量级人物，而汉章帝又是个宽厚的人，外戚们便日益嚣张起来，甚至狂妄地说："现在的皇帝可比他老爸强多了，一心信奉儒家那套忠孝节义。嘿嘿，咱们又是他的亲戚，今后如果遇到啥事或是有啥要求，他难道会不给咱们面子？"

的确，章帝执政的时候，外戚的势力渐渐壮大，就连首都洛阳也俨然成了他们的地盘。外戚嚣张，官员就遭殃，洛阳市的市长更是首当其冲。毕竟市长的后台不硬，官位也不高，封王拜侯这种事更是跟他们不搭边，那他们还怎么治理这个遍地是大官的城市？

章帝很苦恼，决定效法老祖宗，找个硬骨头的官员来当市长。就这样，官员周纡被拉上了洛阳市长的位子。说起周纡，他仕途上最辉煌的事件莫过于跟尸体说话了。周纡从小就是个勇敢、有担当的人，读书的时候对韩非子的法家学说最感兴趣。等到当上

庙堂真相

清官有时就是酷吏

像唐朝来俊臣那样的酷吏，大家都很害怕很厌恶，但实际上历史上很多清官，都有酷吏的嫌疑。周纡为官清廉，毫无积蓄，从官员的位置上下岗后，甚至还需要去当民工搬砖头来赚钱糊口。但这个人也非常严厉残酷，疾恶如仇过了火。他担任渤海太守时，皇帝曾多次下令大赦犯人，但每次诏书来时，周纡都将诏书藏起来，派人把各监狱的罪犯紧急判处完，才拿出诏书。

公务员后，他更是凭借自己在法医方面的才能，破了很多案子，名声大振。

后来，他被委任到召陵侯国（今河南郾城县部分）当县令。有个当地的官员听说他的作为后很不服气，就决定给他个下马威。此人先在路上找来一具无名尸体，砍去其手脚，又把尸体扔在官府门口。

官府的人看见后，连忙把周纡叫来，让他破案。他从容不迫地靠近尸体，当见到尸体上没有血迹后，他又仔细观察了一番，就发现尸体的嘴边和眼角都沾有稻芒。于是，他便在口中念念有词，以至于外人看上去他好像在和尸体说话。众人不由得倒吸一口凉气，“周纡到底是啥来历，怎么还能跟尸体交流，太不可思议了。”

之后，他便在众人的目光中，一脸神秘地离开了。就在大家啧啧称奇的时候，这家伙暗地里找到守城门的人，问对方：“你今天早上有见到谁拉稻草进城吗？”守门人回想了一下，就说出了那个扔尸体的官员的名字。

周纡又问：“那我刚刚在和尸体说话的时候，有谁对此最为质疑？”守门人依然回答是那个官员。事情调查到这里，他对答

社会风情

明章盛世

章帝时政治安定，百姓安乐，四境安宁，与其父明帝统治的时代，合称为“明章盛世”。这一时期经济发展良好，思想界也活跃起来，经学之集大成著作《白虎通义》就完成于此时，著名的思想家王充也活跃在这一时期。

案已经成竹于胸了，于是，马上命人把那个官员找来，要对他严刑拷打。

官员见他动了真格的，就赶紧承认说："这人不是我杀的，他不过就是我捡的一具尸体。我只不过是一时头脑不清醒才把他放在官府门口，是想为难你一下的。"至此，事情真相大白，而当地的官员百姓都不敢轻易欺骗周纡了。

周纡刚一接下市长之位，就决定杀杀王侯将相们的威风。首先，他让手下把首都所有高门大户人家的姓名统计出来，这些人哪敢提外戚的名字，最后只把洛阳城中的生意人、大地主等无关紧要的人呈报给他。

周纡见到名单后，当场就勃然大怒，"你们当我是傻子吗？这首都城里最大的不就是马家和窦家吗，你们怎么不把他们写上，反而把些菜农的名字报上来？"底下人见他横眉冷竖的模样，都暗暗揣测：莫非这次上任的新市长，是个油盐不进的家伙？！

周纡当时就下令说："你们今后只要碰到作奸犯科的事情，甭管他是谁，依法处理就是。如果有人问起，你们就说是我说的，一切事情都由我承担。"手下们见终于盼来一个有担当的老大，

社会风情

汉朝出冤案是习惯

张汤在担任国家大法官时曾处理过三个大案。第一个是汉武帝皇后陈阿娇"巫蛊"案。宫中三百余人被处以死刑。第二个案子是淮南王刘安谋反案，此一案，有两万多人被杀。第三个大案是衡山王刘赐谋反案，此案也有两万多人被杀。株连者如此之众，冤案自然难免。

不由得松了口气，当时就挺直了腰板。

一次，窦皇后的弟弟窦笃犯了错，不仅不承认，还指使家奴辱骂负责治安的官员霍延。霍延想，反正有周纡给自己撑腰，顿时胸一挺，长剑一拔，指着对方说：“别仗着你是皇亲国戚就嚣张，咱们老大说了，法律面前，人人平等。你要是再敢嚣张下去的话，我就把你抓进牢里，让你吃上几天牢饭。”

窦笃气得咬牙切齿，狠狠跺了下脚，就进宫告状去了。章帝是个明事理的皇帝，知道过错并不在周纡，但自己又不能不给妹夫点面子，就派人把周纡抓了起来，随便关了几天，又放出来，让他继续当市长。明眼人这下看明白了，皇上表面上是罚了周纡，可实际上还是很器重他。

大家见章帝的妹夫都撼动不了周纡的地位，从这以后，达官贵人们不得不慢慢收敛气焰，再也不敢任意妄为了。

向历史借智慧

人情是一把双刃剑

中国人历来特别讲究人情味，人与人之间相处，人情味浓一些，相处起来也就会容易些。不管是在生活中还是在工作中，人情是一道很好的通行证和润滑剂。但太讲人情有时也会是坏事，比如，人情重过了公正，就成了只有人情、没有法律。在所有的人情当中，皇帝家的人情无疑又是最大的，最不允许受到侵犯的，所以王子犯法不但不与庶民同罪，反而无人敢管。这就成了封建政治的一个弊端。

窦宪被臭骂

东汉初期的外戚势力能够得到遏制，归根结底离不开两个女人的努力，那就是阴丽华和马明德。但等到章帝上台，他老婆窦皇后就没有这两位前辈那么地道了。

窦皇后进宫之前，跟前辈马皇后一样，正处于家道中落的时期。她进宫后，迅速博得了老公和婆婆的喜爱，暗地里发誓："一定要重振家业！"等到婆婆去世，她就开始为自己的家族奔波，靠着老公的强硬后台，为自家的兄弟谋取高官厚禄，其中就有她的哥哥窦宪。

窦宪小的时候，因为老爸获罪，被人歧视的日子只多不少。现在妹妹当上皇后，他也跟着平步青云，当上了皇亲国戚。窦宪很得意，经常和兄弟们出入宫廷，就像进酒楼茶馆一样随便。他还逢人就炫耀："皇帝现在最宠爱的就是我妹妹了，其他女人连个屁都不算。哼，不信你们看爷进宫像进自家一样，现在官也当上了，今后咱们窦家就是前途无量了啊。"

庙堂真相

一次战役引发的"蝴蝶效应"

公元89年，窦宪联合南匈奴北击北匈奴。但这轻轻的一击，犹如"蝴蝶效应"，引起的历史后果是惊人的：在国内引发民族大迁徙，北匈奴远遁欧洲大陆后，东胡的鲜卑族乘虚进入蒙古高原，南匈奴等纷纷内迁，成为后来西晋"五胡之乱"的渊源。在欧洲，北匈奴的到来和骑兵旋风式进攻，使欧洲人极不适应，强盛一时的罗马帝国在北匈奴的打击下，土崩瓦解。

当然，窦宪的狂妄可不仅仅是过过嘴瘾，在实际行动上，他也没落下。明帝还在世的时候，最疼爱的女儿就要数沁水公主了。为了让女儿吃得好住得好，他还专门给她修了个庄园——沁园。沁园有多出名，看看后来的词牌名“沁园春”就知道了。在这个庄园中，有亭台楼阁、雕梁画栋，又有百花齐放，简直是美不胜收。也是因为这样，后人还根据它的名字，作了这个词牌名。

窦宪从小混迹在王公贵族中，自然对这个沁园垂涎已久。要是以前顶多做做美梦就罢了，可现在他飞黄腾达，一切不可能都可以变成现实。他先找到沁水公主，单刀直入地说：“你是堂堂的大汉公主，明帝在位的时候，肯定为你置了不少产业吧。哪像我们这些普通人，要不是我妹妹有幸当了皇后，咱现在只能指望着那点祖业过日子了。”

见对方闷不吭声，窦先接着说，“我看你这沁园挺不错的，反正你又不是没有地方住，要不卖给我得了。”

沁水公主早就听说了窦宪的嚣张气焰，平时是避之不及，但想不到他竟主动找上门来，想买沁园。公主为难了，自己虽然有多处房产，但毫无疑问，最喜欢的还是沁园，毕竟是老爸留给自

社会风情

“沁园春”

唐诗有格律，宋词有词牌。但专家们考证认为，历史上的八百七十多个词牌出处多不可考，只有“沁园春”例外，其出处就是沁水公主的沁园。沁园实在美轮美奂，其中的故事又很典型，当时和后世的文人们不断以之为题咏叹，沉淀下来，就形成了独特的文化亮点——“沁园春”词牌。

己的东西，意义很不同。可现在跟她要房的人是皇后的哥哥，对于章帝来说，一边是老婆，一边是妹妹，孰轻孰重，还用问吗？

公主很无奈，知道自己斗不过对方，最终只好半卖半送地把沁园给了窦宪。从这以后，窦宪更得意了，毕竟连公主都要让自己三分，试问满朝文武，还有几人敢得罪他？

没多久，章帝出巡经过沁园的时候，问到这个园子的情况。大家一听，都噤声不语。窦宪一直认为皇帝妹夫平时忙着国家大事，根本不会理会公主妹妹的近况。

现在冷不防地遭遇突发状况，他支支吾吾了半天，也答不出个所以然来。章帝环视一周，让其他人回话。窦宪连忙抬眼，狠狠地瞪了众人一眼，示意识相的都住嘴。

章帝没得到答案，只好一脸狐疑地回宫去了。他再仔细一调查，发现沁园竟早就被窦宪这个小舅子夺去了，顿时怒火冲天，把窦宪叫来，破口大骂："你真是越活越猖狂了，居然连我妹妹的房子都敢抢！她好歹是个公主，平时满朝文武谁遇着她，不得给个笑脸的？而你，现在竟然凌驾于一国公主之上，那么普通老百姓不是更不放在眼里了吗？哼，告诉你，咱现在最不缺的就是人才，

社会风情

章草书法

汉章帝刘炟爱好儒术，本身素养挺高，喜爱书法，后世流行的"章草"，据说就跟他有关。章草由隶书演变而来，始于汉代，据说大臣杜度草书写得好，汉章帝看了很喜欢，命他上奏言事都用草书来写。盖因章奏，后世谓之章草。

少你一个也不会有啥损失！”

窦宪吓得跪在地上，边磕头边认错，还承诺自己待会儿回家就把沁园还给公主。窦皇后听说了，也赶紧脱下皇后服饰来低头求情。她先是梨花带雨地在老公面前承认错误，见老公怒气消了，又开始为窦宪求情。章帝是最听老婆话的，心情一舒畅，就说：“行了，这件事就算了，他只要把沁园还给我妹妹，我就当什么事都没发生过。”

皇后暗暗吁了口气，而窦宪也擦掉冷汗重新振作起来，心里还得意，“有皇后妹妹当后台就是不一样，看来以后就算作奸犯科，也没啥好忌讳的了。”于是，章帝在位期间，窦家依旧位高权重，窦宪依然猖狂如故。

向历史借智慧

做人要见微而知著

古人讲“见微知著”，就是要从一件小事、一点苗头上，看到事情继续发展可能导致的后果。章帝在窦宪猖狂这件事上，没有重视起来，出于徇私心理，没有进行严肃处理，从而导致了后来窦家谋取大权这种事情的发生。这就是不能见微知著的典型。

孔僖的幸运

东汉自建立开始，经过几代皇帝的治理，国家真正繁荣安定起来。日子好了，大家都不愁吃穿，接下来政府自然就开始注重人口素质的提高。

章帝时期，国家兴办的大学——洛阳太学——里简直是人才济济，很多年轻的学子都在这里读书，这当中就有一个叫孔僖的学生。孔僖的来历可不简单，他的先祖是大名鼎鼎的孔子，而他自己也发奋读书，立志将来要出人头地。

一天，孔僖在跟同学探讨《春秋》这本书的时候，聊到了吴王夫差。一想到夫差先胜后败的事，孔僖就不由得放下书，叹了口气说："吴王不能一如既往，最终被勾践反咬一口，身死国灭，说起来还真是画虎不成反类犬啊。"

同学听了他的感叹后，就表示赞同："你说得不错。其实咱们大汉的武帝开始也是崇尚儒家，最初治国的五六年间，全国上下一片祥和景象。可是，他后来却一改先前的作风，忘记了过去

社会风情

今古文之争

今文是指用汉朝当时通用文字写出的经书，古文是指出土的用汉朝以前文字写成的经书。经书都是一样，比如《春秋》《尚书》《诗经》《周易》《周礼》等，但弟子传承不一样。今文经学自称直接从孔子的弟子口耳相传下来，是孔子的思想；古文经学说自己掌握的是真实的历史。拿《春秋》来说，今文经学学习的是《穀梁传》，古文经学学习的是《左传》。两汉先是今文经学很兴盛，后来谶纬之学、古文经学兴起，东汉末，两派渐渐融合。

自己在治国方面的优点，使得国家连年征战，百姓的日子也是一天不如一天，跟夫差没啥区别啊。”

就在两人聊得兴起时，旁边一个叫梁郁的人听见了，便反问他俩：“照你们这样说的话，武帝也是犬？”这话一出口，孔僖两人就意识到事态不对，赶紧闭上嘴，再不说话了。

梁郁是个小肚鸡肠的人，见他们俩都不搭理自己，心里很不爽，就暗暗说：“哼，本来还想跟你们说说话的，可你俩居然装腔作势，对我不理不睬。既然这样的话，就别怪我不仁不义了。”

之后，他就给朝廷写了封告密信，检举孔僖和他的同学两人诽谤汉武帝，还讥讽时政。朝中的官员看见这封信后，当即便让人把孔僖的同学抓来，嘴里还气得直嚷：“国家出钱给你们这帮知识分子办学校、找老师，就是希望你们将来报效祖国的。没想到你们这帮家伙还没报答，嘴上就开始说老祖宗的不是了，简直是找死！”

孔僖的同学不过是个知识分子，长这么大还从来没想过自己会有进监狱的一天。他吓得瑟瑟发抖，大气都不敢出，更别说为自己争辩了。孔僖知道后，便马上写了封信，递到中央去。

名臣风骨

“梁上君子者是也”

陈寔有贤名。一天夜里，有贼躲在陈家屋梁上，陈寔发现了，但不说破，而是把家里小辈们召集起来训话，说：“做人，一定要自勉，那些成了坏人的人，本性未必就是坏的，只是不知自己努力，不良习气越来越重，故而积恶成疾。现在我们屋梁上的这位就是如此！”贼大惊，跳下来请罪。陈寔觉得此人本性不坏，做贼是因为贫穷，于是送了他一些财物。从此一县都没发生过盗窃案。

他在信上说："我们诽谤武帝这件事，根本就是胡说八道。武帝作为一个皇帝，他的一言一行早就被记录在史书上，天下人都知道他曾经的作为，我们不过是就事论事罢了，怎么谈得上是诽谤呢？再说皇上您从登基以来，并没有什么大的过失，百姓们的日子也过得很好，这是天下人都知道的，试问我们还有什么可讥讽的呢？而作为皇上您，即使我们真的说了什么，那么您如果有错就及时改正，没错就宽恕我们，这样今后不是更容易能听到真话吗？"

这封信很快到了章帝手中，他本来就没有追究这事的念头，现在见孔僖这样说，便让官员们把被抓的同学放了。又见孔僖确实很有才华，章帝索性安排他做了官。

向历史借智慧

塞翁失马，焉知非福？

孔僖遭人告密，本来是命悬一线的危急时刻。他却凭借一封书信，转危为安，不得不说他是很幸运的。然而，幸运固然有，遇事不慌张且平和的心态才是最关键的。如果他在被人诬告的时候，手忙脚乱，恐怕还等不到章帝的宽恕，人就已经呜呼哀哉了。所以，当我们在遭遇不利于己的事情时，要做的就是调整好心态，抱着"塞翁失马"的信念，无论成功或失败，都要淡然处之。

“白衣尚书”

光武帝遭遇了严子陵这样一个一心归隐的人才，而最终不能重用；等到章帝当上皇帝后，同样遇到了一个无心做官的人才，他就是郑均。

郑均从小就爱读书，不过他偏爱的科目不是儒家学说，而是黄老之学。一提黄老学说，恐怕大家都知道，它跟中国历代的隐居者息息相关。没错，读多了黄老思想的郑均，生平的最大志向绝对不是升官发财。

虽然郑均不喜欢做官，但他的哥哥倒是很热衷。当时，哥哥在县城里当了个小官，很是得意。得意什么？自然是能够捞到外快了。自从当上官员后，就有不少当地的老百姓托他办事，纷纷上门送礼。他是来者不拒，无论谁的礼物都收下。

郑均一看，急了，就劝说：“大哥，你这样公然收受贿赂，早晚会被上级查处的。到时候，你一个芝麻大的小官，还没后台，谁都救不了你。”

庙堂真相

汉世多出有性格的人物

东汉时期读书游学，但不求出仕的人颇多。前有严子陵、郑均，后有梁鸿等人。这样的人“贫贱不能移，威武不能屈”，很讲气节，中国后来的读书人每读他们的传记，都击节赞叹，想慕其为人，为之倾倒。其中的梁鸿更有意思，读书出名后，家乡的富贵人家都想招他为女婿，他独独看上了丑女孟光，结婚后一起共入霸陵山中隐居，荆钗布裙，以耕织为业，以吟咏自娱。

哥哥不以为意地回答："咱当官可不就是图这点好处吗？再说了，现在上上下下的官员行贿受贿的多了去了，我怎么会这么倒霉，被他们查到？这些不过是些不起眼的小礼物，没人会过问的。"

郑均见哥哥无动于衷，气得一挥袖子离家出走了。直到一年多以后，他才回来。哥哥一见他又黑又瘦的模样，就忙问他这段时间去哪儿了。郑均便把包裹中的银两全数递给他，说："我这一年多去外边打工了，又是给人端盘子又是扫大街的，好不容易才挣了这些钱，你都拿去花吧。我只是想告诉你，钱没了可以再挣，但是当官一旦犯了错，这辈子都别想翻身了。"

没想到当弟弟的竟为了哥哥，在外辛苦奔波打了一年工！直到此时，哥哥才幡然醒悟，"你是对的，我能当官的确不容易，怎么能因为眼前的利益，就毁了自己的前程呢？"从那以后，郑均的哥哥便改过自新，做了个廉洁奉公的官员。

后来，哥哥去世，郑均就一肩扛下家庭的重担，把守寡的嫂嫂和侄子照顾得无微不至，而他贤德的名声也越来越响亮。当地的官府听说他的事迹后，就决定录用他。

社会风情

尚书的历史

尚书是汉武帝时建立的，本是皇帝身边的秘书机构，到光武帝时正式代替三公成为宰相机构。所以在东汉，有权势的大臣多加"录尚书事"的职衔。为干出一番成绩，光武帝甩开宰相，多多任用身边的秘书，时间一长就成了惯例，后来惯例变成机制，秘书成为宰相。曹魏时又出现了新的秘书机构——中书，并渐渐替代尚书成为宰相机构；中书之后又产生了门下，成为南北朝时的宰相机构。

这下郑均可不愿意了，“咱从小到大都不想当公务员，更不想跟政治扯上关系，怎么现在就找上我了呢？要知道，我只想做个平头老百姓，没事的时候种种花、钓钓鱼，一年出去旅游一次就满足了啊。”

政府的官员们才不信他的说辞呢，他们只觉得这年头多少人想当官都挤不进来，难道还会有请他当官却拒绝的人吗？于是，他们三番两次地找到郑均，让他出来为人民服务。可惜的是，他们每次去郑家的时候，郑均不是感冒发烧就是头疼脑热。时间一长，官员们急了，干脆下令：“就是骗，也要把郑均那家伙给骗来！”

最终，郑均被赶上了仕途。有句话说得好：“是金子到哪儿都会发光的。”后来，章帝也听说了郑均的名声，就把他提拔为尚书，只要遇到解决不了的事，就经常询问他的意见。而郑均也经常给皇帝进谏忠言，很受器重。

然而，郑均的毕生志向并不是当官，所以在尚书的位子上摸爬滚打了一阵子后，就借口身体不行，嚷嚷着要办病退了。章帝见他一心归隐，只好一狠心，咬牙说：“强扭的瓜不甜，咱只好学学光武帝，放你回家了。”

名臣风骨

独步天下无人比

隐士戴良，自小行为放纵不拘，母亲喜欢听驴叫，戴良就经常学驴叫让母亲高兴。母亲去世时，戴良也不故作悲态，有人责备他行为不合礼法，戴良说：“礼是用来控制感情放纵的，感情如果不放纵，还谈什么礼呢！”戴良所发见解，往往崇高新奇，惊世骇俗。朋友问他：“您自己看天下人谁可以与您相比？”戴良回答：“我好比生长在东鲁的孔子、出生于西羌的大禹，独步天下，谁能够与我相比！”

得偿所愿的郑均便兴高采烈地打包行李，潇潇洒洒地回老家去了。他归隐之后，章帝因为思念他，还在出巡的时候前去看望他，并说："您德才兼备，我即使身为皇帝，也是很敬重您的啊。虽然我知道您无心政事，但毕竟在政府里打过一段时间的工，还当上了尚书。那么就算是退休了，您的工资还是跟以前一样的。"

郑均身为一个平民百姓，但在皇帝心中却位同尚书，也正因为如此，人们就开始称呼他为"白衣尚书"。

向历史借智慧

不怕人不知，就怕没本事

很多人一生毫无所获，并不是他运气不好，也不是他的眼光有问题，而是没多大本事。这就如同酿酒一样。如果你的酒酿得好，就算藏在深巷之中，也会有人闻香而来；如果你的酒酿得不好，那么就算摆在高档餐厅里，也是无人问津。想要出人头地，最重要的并非在人前卖弄自己，而是要在人后不断地自我提升。

窦宪之死

汉章帝死后，他十岁的儿子刘肇继承皇位，窦太后借机掌握大权。有了这个娘家重于国家的太后当靠山，窦家鸡犬升天的日子总算到来了。其中，窦宪在跟匈奴打过几场胜仗后，越发不把他人放在眼中。他飞扬跋扈，任意夺人妻女，拉帮结派，四处购买房产，而收受贿赂这种事更加不在话下。

然而，无人管束的窦宪还是不放心。原因无他，就是因为和帝刘肇渐渐长大，再也不是那个任人摆布的傀儡小皇帝了。于是，窦宪把自家兄弟和亲信叫到一起，商量说："虽然咱们现在看上去是老大，可这江山还是刘家的。况且刘肇那小东西越来越明事理了，难道会一直放任我们不管吗？照我说，要想过逍遥日子，最好的办法还是做个名副其实的老大。"

这篡位的想法一出口，在场的人都纷纷表示赞同。本来嘛，这几年国家的大小事情，哪样不是窦家人说了算？其实他们早就是老大了，缺的不过是个名号。于是，打定了主意，众人就开始

庙堂真相

外戚专权阴魂不散

西汉亡于外戚之手，到了东汉，外戚专权的阴魂又回来了。公元 89 年，窦宪击败北匈奴胜利归来后，被封大将军。过去，大将军是在三公之下的，但此时窦宪权震朝野，三公反而在其之下了，他政权、军权一把抓，在政府中说一不二。此后的邓、阎、梁三家外戚上来，也都占了大将军一职。

暗中筹划谋反。

世上没有不透风的墙，这个消息很快传到和帝耳中。年仅十四岁的他震惊不已，好半天才回过神来，怒骂："这帮家伙也太不把我放在眼里了，咱好歹是姓刘的。想当年，光武帝都能把政权夺回来，我难道会守不住一个皇位？"

于是，他开始在朝中找帮手。那时候，很多官员都迫于形势依附窦家，而宫中也有很多窦家的耳目。和帝把朝中官员过滤一遍后，觉得他们全都靠不住。无奈之下，他只好找到一直跟在身边的太监郑众，说："现在窦家越来越嚣张了，窦宪那家伙竟然还想谋夺皇位。我知道你主意多，如果帮朕把他铲除的话，将来少不了你的好处。"

郑众是个聪明人，他知道自己跟着和帝混了这么多年，如果真的换了老大，自己哪还会有好日子过？既然如此，倒不如现在博一博，没准将来还能跟着现任老大飞黄腾达。于是，他连忙答应下来，还说："皇上您放心，其实朝中有很多官员都对窦宪那家伙不满，您的胜算概率还是很大的。"

他为和帝找好了合伙人后，和帝就写了封信给在外地驻守的

社会风情

外戚与宦官轮流坐庄

东汉中后期的政治格局就是外戚、宦官轮流专权，使得政治越来越黑暗、混乱。章帝之后，皇帝幼小，太后专政，致使外戚家族权力膨胀。皇帝长大后感觉很不爽，就开始夺权，其利用的力量一般都是宦官。到下一任时，又是如此。其根源在于东汉中央集权的加强，当皇帝英明神武时，可以有一番作为；当皇帝软弱昏聩时，权力就自然落到了身边最亲近的人手里。这是皇权专制社会的一个怪圈。

窦宪："朕虽然是皇帝，但年纪太小了，管不了事，官员们也经常不听我的。要不您还是回京城来，帮朕处理些事情，我算是看透了，大汉的一切还是要靠窦大人您啊。"

窦宪得意地笑了，跟众人炫耀说："看，小皇帝的确是个不顶事的。他自己都承认了，在洛阳折腾了这么久，搞不过来，最后还是得请我吧。"手下们见状，也连忙上来吹捧，说他就是国家的栋梁，不当皇帝简直可惜了。

窦宪匆匆打包好行李，就带着一帮手下迫不及待地往回赶。还没等进洛阳城呢，和帝就跟一帮官员在郊外迎接他。和帝一见他，就笑着说："舅舅您能回来帮忙，真是太好了。今后咱就在宫里好好地当皇帝，那些国家大事啥的就交给您处理吧，我放心。"

窦宪表面感恩戴德，心里却暗说："你这小屁孩儿还算识相，不过再过一段时间，等我准备周全了，恐怕你是连皇帝都没得当了。"

可惜的是，一切还不等他准备周全就结束了。一天晚上，和帝亲自接见了郑众找来的合伙人，让他们紧闭城门，去把窦宪的手下和心腹统统抓起来。那些官员怎么都想不到，前几天还装作

庙堂真相

窦宪嚣张

章帝死后，齐殇王刘畅来吊唁，窦太后对他很满意，窦宪知道后，怕刘畅会和他争权，便派刺客把刘畅杀了，还诬陷说是刘畅在青州的弟弟刘刚指使人干的。窦太后要派人去青州调查，尚书韩棱说："凶手就在京师，何必舍近求远？"几天后凶手被抓，供出窦宪，太后脸上无光，把窦宪软禁起来。

什么都不会的小皇帝，现在竟召集了一帮官员，端了他们的老巢。众人还来不及给窦宪老大通风报信，就都被关进了大牢。

等到第二天早上，和帝派人带着士兵，闯进了窦宪的家。窦宪很茫然，喃喃自语："大清早的你们来干嘛？咱还没吃早饭呢。"

负责宣旨的使者嘿嘿一笑，说："吃啥早饭？皇上有旨，等我念完了，看你还想不想吃！"说完，就开始念圣旨，收他的兵权，让他收拾东西回封地。

窦宪怎么可能轻易认输，心里寻思着我还有一帮手下呢，大不了我现在就反了你。谁知他一打听，才发现这些昔日的心腹昨天晚上就进了大牢，等着处斩呢。窦宪脚一软跌坐在地，"完了，这次是真的完了。"

朝中的官员们很快听说了这件事，他们本来就不是诚心归顺窦宪，现在知道对方垮了，就连忙跟他划清界限，在和帝面前表忠心。曾经不可一世的窦家嚣张不起来了，窦宪更是像一条丧家犬似的，灰头土脸地回到封地。

当然，回到封地的不止窦宪，窦家的其余人等也被遣回各地。然而，谨慎的和帝并未就此罢休。他知道，窦家的实力不可能在

庙堂真相

宦官用权自此始

宦官郑众，为人谨慎机敏有心计，早年侍奉太子刘炟。太子继位后，即汉章帝，任命郑众为小黄门，后升任中常侍。再后汉章帝去世，汉和帝刘肇继位，郑众加位钩盾令。窦太后一家欺负和帝太小，官员们也不敢得罪窦家，只有郑众一心护主，汉和帝非常亲信他。窦家被打倒后，汉和帝论功赐赏，郑众多推辞不受。虽然郑众德行高尚，但是东汉宦官用权，却是从郑众这里开始。

一夕之间真正消亡，如果不连根拔除的话，窦宪这个敢想敢干的家伙是很有可能东山再起的。于是，他在窦宪回到封地后，又接着下令说：“窦宪这家伙不容小觑，为了以防万一，他最好还是死了，朕才能高枕无忧啊。”

窦宪一路走来，早已心灰意冷。谁知刚一回老家，他和兄弟们就分别收到命令，要其自杀。他深知自己已经无路可退，在万念俱灰之中只得自行了断。从这以后，曾经不可一世的窦家渐渐衰败下去。

向历史借智慧

一荣俱荣，一损俱损

窦皇后的得宠使得曾经一蹶不振的窦家扬眉吐气，而窦宪更是一跃成为大汉朝的风云人物，嚣张跋扈到了极点，这算得上是一荣俱荣。后来窦宪妄图篡夺皇位，这就不仅给自己招来杀身之祸，也使窦家迅速衰落，就连太后也遭到软禁，这大概就是一损皆损了吧。

梁贵人事件

汉和帝自从灭了窦家以后，就把老妈窦太后软禁在后宫。大家都知道，东汉从光武帝开始，就提倡治国走儒家路线，那么，忠孝节义这些东西就免不了被抬上桌面。领导们为了能真正贯彻落实儒家思想，更是亲自做表率。相比自己的前辈们，和帝就明显底气不足了。

你想啊，他本来也有意做个孝顺的好儿子，结果老妈的娘家却捅出了这么多事，甚至让自己差点丢掉江山。所以，就算心里有愧疚，他依然不待见老妈。日子就在和帝的纠结中过去，公元97年，窦太后突然病逝，做儿子的终于不再纠结了，他哭丧着脸，开始后悔过去没有好好孝敬老妈。

和帝在朝中放话："窦太后虽然有过失，但她好歹是生我养我的亲娘，况且老爸生前最稀罕的就是她了，咱们一定要多花点钱，风光厚葬。"

官员们连连点头，都说听领导的。就在这时候，有个姓梁的

庙堂真相

不刚不柔就是"和"

古代皇帝的谥法很有讲究的，像杨广那样败家的皇帝就叫"炀"，凶神恶煞的皇帝叫"厉"，至于"哀帝"，一看就知道是苦命皇帝。和帝的"和"，在谥法的说法是"不刚不柔曰和"，可见是个好脾气的领导。和帝时期，科技、文化有了很大发展，北匈奴灭亡，蔡伦改进了造纸术，班固、班昭写就了《汉书》，甘英出使大秦，一副平安和乐的景象。

女人不乐意了，说窦太后根本不配有厚葬大典。和帝很生气，怎么还有人存心不让我当孝子，质问道："满朝文武这么多人，他们都没意见呢，你一个女人插什么嘴，而且还诋毁我老妈，你是不想活了吧？"

梁女人不满意了，就说："皇上您可真傻，现在都不知道事情真相。我告诉您吧，您老妈可不是刚死的窦太后，而是多年前无辜冤死的梁贵人，也就是我妹妹。"她话一出口，就把和帝给惊住了，我活了这么多年，难道连亲生老妈是谁都不知道？！

和帝当即命人调查，隐藏多年的事实真相这才浮出水面。原来，汉章帝在位的时候，虽然最宠爱窦皇后，但身为皇帝，拥有三妻四妾简直太正常了。当时，除了皇后之外，最得宠的就要数宋贵人和梁贵人了，她们分别为章帝生下一个儿子，而窦皇后却一无所出。

为了这个，窦皇后又着急又嫉妒，时间长了，知道自己的肚子指望不上，便开始另谋出路。起初，宋贵人的儿子刘庆被立为太子。窦皇后很不开心，暗暗说："咱要是有儿子的话，刘庆那小兔崽子怎么可能有机会上位？既然我生不出来，那抱个别人生

野史秘闻

想要贵人相助，还需自己正直

益州刺史种暠上奏章弹劾曹腾结党和受贿，但汉和帝将奏章压了下来。曹腾得知后不以为意，常常在皇帝面前称赞种暠正直忠诚。后来，种暠官至司徒，对人说："今日能成为三公，都是曹常侍的恩情啊！"

的来养也一样。”

于是，她先找到她老妈，母女俩偷偷串通起来，暗中挑拨章帝和宋贵人的关系。渐渐地，章帝开始疏远宋贵人，就连太子刘庆也不受待见了。同样生有儿子的梁贵人见了，担忧不已，暗中找娘家人商量说：“刘庆是太子，宋贵人都斗不过窦皇后。咱的娘家一来不如窦家，二来皇后在皇上面前受宠不说，还一肚子坏水。如果宋贵人真被她扳倒了，咱还有啥活路啊！”

就在梁贵人忧虑万分的时候，窦皇后却突然找上了她，一会儿送她保养品，一会儿送她化妆品。梁贵人丈二和尚摸不着头脑，很好奇这个高高在上的大老婆怎么突然间关心起自已来了。窦皇后见她有疑虑，就笑呵呵地说：“妹妹，你千万别多想，姐姐不过是看你人不错，想跟你做个闺密来着。”

梁贵人半信半疑，窦皇后又说：“妹妹啊，不如你把你儿子刘肇过继给我吧。你想想，他如果跟着我混的话，将来肯定比在你那儿有出息。况且现在皇上已经不待见宋贵人和太子了，将来有什么变故谁都说不准。你尽管放心，如果刘肇当了我儿子的话，我一定把他看作亲生的，让他将来飞黄腾达。”

社会风情

反季节蔬菜

当代有大棚种菜，汉朝也有反季节蔬菜。一次宫里出现一道菜：小野鸡肉炒韭黄。邓太后问，现在冰天雪地的，哪来的小野鸡和韭黄。太监回答说：“这是洛阳令特意贡献的，春天采来野鸡卵，三个月后孵化，再长半年；韭黄是地下生火，地上种韭黄。”古训春天是万物繁衍季节，不能打猎。太后一听，立即下令禁止这种行为。

一番话说完，梁贵人就心动了。别的不说，刘肇如果有窦家撑腰的话，将来如果要改立太子，那他的胜算肯定很大。再说了，自己好歹是他亲生老妈，如果他当了皇帝，难道还会放着亲生老妈不管吗？就这样，梁贵人怀揣着过好日子的美梦，把刘肇送给了窦皇后。

她没想到的是，儿子刚送出去，对方就翻脸不认人了。窦皇后先是写了封匿名信，说梁贵人的老爸要谋反。接着，她又在老公那儿吹耳边风，让他要防范梁家的人。梁贵人气愤交加，她怎么也想不到，前几天还跟她是好姐妹的人，竟然翻脸不认人，对梁家百般陷害。

窦皇后是后宫争斗的老手了，不仅嘴上说梁家人谋反，更是找了一堆人证物证，让章帝下决心铲除梁家。直到这时，梁贵人才醒悟过来，哭道："这女人早就打好主意了啊，她先是设计夺了我的儿子，接着又要害我梁家，事到如今，我还拿什么跟她斗啊？"

没多久，悲愤不已的梁贵人就自行了断了，而她老爸也死在狱中，梁家就此一蹶不振。多年来，因为窦家得势，朝廷上下没

野史秘闻

终生学习的皇后

汉和帝皇后邓绥，在娘家时，是个女书虫。母亲对她说："你这闺女不学针线活做衣服，反倒用心读诗书，难道你想当博士不成？"邓绥是位孝顺的闺女，看到母亲不乐意，她就白天学做妇女针线活，晚上再学经书。汉和帝曾经感叹："如果后宫妃嫔的德行都跟邓贵人一样，该有多好啊！"

人敢把这件事提出来。直到窦太后去世，梁家人才有了开口申辩的勇气。

和帝心中又惊又痛，官员们见状，连忙上前劝他："皇上，窦太后太阴险了，根本就不配享有厚葬。依我们看，干脆把她的太后封号撤去，也别把她跟你老爸合葬了，免得脏了你老爸的墓。"

然而，和帝毕竟不是一般人。他知道，越是这种时候，越需要冷静处理。最后，他告诉官员们："窦太后虽然有过失，但她好歹养了我这么多年，我当儿子的，在她死后还是应该尽尽孝道的。这样吧，一切按照原来的计划，将太后风光大葬。至于我亲生老妈，我就追封她为皇太后吧，也算是尽尽为人子的孝心了。"

和帝的这番话打动了在场的人，大家纷纷跪下高呼万岁，称他圣明。就这样，尘封多年的梁贵人事件总算得到了解决，而和帝的仁德也赢得了一片赞扬之声。

向历史借智慧

宽容，也是一种美

在生活中，我们总会遇到不如意的人和事，学会宽容，很多时候也是对自己的解脱。如果一辈子钻牛角尖，那总免不了被命运捉弄。这种时候，倒不如看开点。毕竟宽容并不是懦弱无能，而是对自己和他人的一种解放。也唯有这样，人生才能多一份欢笑，多一些快乐。

第三章　如履薄冰

公元 105 年，四任帝刘肇去世。即位的皇帝还在吃奶，于是邓太后客串皇帝角色，这位老妇人按下了东汉外戚政治的按钮，做皇帝的开始成为傀儡，没有成为傀儡的，也在外戚的气场下如履薄冰，东汉的灭亡在此时就已经开始了倒计时。还能支撑一百多年，全是因为有意志力坚强的文官和骁勇善战的武将，他们在外戚时代的恐怖空气中，信念坚挺，那些如履薄冰的小皇帝才算有了一点点安全感。

邓太后执政

公元 105 年冬天，汉和帝病逝，空悬的皇位由刚出生不久的儿子刘隆继承。既然是刚出生不久的小皇帝，要他管理朝政那简直就是痴人说梦。于是，和帝的老婆邓绥邓太后站了出来，一手揽下重任，说刘隆懂事之前，国家事务就由她代为处理。

说起邓太后，这的确是个不简单的女人。她虽然身为旧时代的女性，但从小就好学，六岁的时候就开始读史书，等到长大了，还经常和家里的哥哥们探讨问题，才华也远在他们之上。

邓绥十五岁的时候，便被选进宫给和帝当嫔妃。因为年轻貌美，又博学多才，很快得到了和帝的青睐。当时，和帝已经娶了大老婆阴皇后。阴皇后见老公的注意力被邓绥分去后，很不开心，暗地里咬牙切齿，“看着吧，全天下的小三都不是好东西！”

可惜的是，邓绥这个小三简直完美得无可挑剔。她不仅留住了和帝的心，还跟宫中的人关系都搞得很好。邓绥平易近人、勤俭节约，很得大家的喜爱。不仅如此，她对阴皇后更是毕恭毕敬。

野史秘闻

野生的娃子好养活

和帝皇子不少，但大都夭折。和帝以为宦官、外戚在谋害他的儿子，便将剩余的皇子都送到民间抚养。和帝死后，皇长子是刘胜。但刘胜有病，多年不愈。邓太后便将出生才一百多天的刘隆迎回皇宫即位。但皇宫就如同有魔咒，刘隆继位不到一年就夭亡了。邓太后为继续把持朝政，与邓骘兄弟定策，立十三岁的刘祜为帝，是为安帝。

只要跟阴太后一同晋见和帝，她从来不敢跟阴太后并坐，就连走路说话都谦让不已。阴太后看着更不爽了，她本来还想挑出点毛病，让邓绥的形象在众人心中来个大逆转，结果希望落空。

后来有一次，和帝生了重病，邓绥衣不解带地照顾他。阴太后见了，便恨恨地说："哼，等我老公死了，一定让你和你全家都活不了！"谁知这话被宫女们听到了，跑去告诉了邓绥。

邓绥悲痛万分，在众人面前哭诉："我平日侍奉皇后也算尽心尽力了，怎么到头来还得不到好呢？唉，现在皇上卧病在床，反正我也活不了了，倒不如祈求上天，让我代他去死好了。"说着，她就要服毒自杀。

大家一见，连忙上前劝阻。有个宫女急中生智，便随口扯了个谎："您别想不开了，太医们都说皇上病情已经大有好转，皇后娘娘是奈何您不得的。"邓绥听她这样说，才断了要自杀的念头。

说来也巧，和帝的病情在这之后还真的好起来了。当他听说邓绥愿意代他去死这件事后，对她更是宠爱有加。而阴太后的泄愤之语也同样传入了他耳中，从此以后，他更不把大老婆放在心上了。

名臣风骨

贤后邓太后

在东汉得势的几大外戚集团中，邓太后还算是贤后。邓氏在窦氏之后，外戚倾覆的教训使她时刻注意家族的影响。邓太后多次下诏，要求邓氏姻戚注意形象，严格要求自己。邓氏兄弟在此管教下也大都小心谨慎，奉公守法，勤劳王事。邓太后哥哥邓骘之子邓凤曾私自接受中郎将任尚的马匹，后来任尚犯法，邓骘主动将妻子及邓凤送官请罪。这些都离不开邓太后对家族的严厉管束。

最终，阴太后被废，邓绥顺势坐上了皇后之位。等到和帝病逝，她便开始执掌大权。邓太后刚上台没多久，便下令：“老百姓们的日子不好过，我既然身为国家领导人之一，更应该以身作则。从今以后，我的吃穿用度都要有所缩减，每顿饭只能有一个肉菜，绝不铺张浪费。各个地方每年要进贡给宫里的东西一律减半，而宫中人员太多，我也要精简一部分。”之后，她果真一切从简，遣散了很多宫女回家，宫中的花费也由此省下不少。百姓们见她说到做到，都对其交口称赞。

邓太后从执政开始，就力图做到明察秋毫。有一次，她去监狱视察，遇到一个被人冤枉的死刑犯。这个犯人看见太后来了，本想为自己申一下冤，可惜看管人员在场，他不敢乱说话。当邓太后看到他时，他只是直直地盯住太后，一言不发。

邓太后是个细心的人，看见这人这副模样后，就让人把他押上来，亲自审问。后来，又几经查实，才确定这个死刑犯是被冤枉的。于是，当即便给他平反申冤了。说来也巧，在处理完这件案子没多久，久旱的京城却突然下了场大雨，旱情得到了缓解。邓太后很开心，这是老天爷在奖励我呀，当下决定，从今以后如果再遇

名臣风骨

谦虚的女人最好命

邓绥与阴皇后同时被汉和帝召见时，她不坐下，而是离开阴皇后的座位一段距离，站在那里。回答丈夫刘肇的问话时，也是让阴皇后先讲，等阴皇后讲完后，她才慢吞吞地讲几句。当二人同时辞离皇帝办公大殿时，邓绥弯下腰，请阴皇后先行。

到旱灾，就去监狱视察。

邓太后虽然在治国方面很有一套，可毕竟是藏在深宫的女人，处理政事的时候有很多束缚。为了掌握大权，只好找可以信任依赖的娘家人，于是任命邓家的兄弟子侄为官，必要的时候还让他们做代言人。

但随着邓家的势力越来越大，邓太后也有些着急了，暗自说：“外戚乱政这种事可没少发生，我英明一世，千万不能让这事毁了我的名声。”为了抑制外戚的势力，她便开始重用宫中的太监，给他们官做，让他们帮忙处理国家大事。就这样，外戚、宦官、官员这三大势力的正式交锋由此开始。

从二十五岁开始，邓太后执掌国家大权长达十六年，公元121年，她病逝于洛阳，跟和帝安葬在一起。

向历史借智慧

权力面前人人平等

要说女权主义的代表，邓太后绝对当仁不让。她执掌政权的时候，虽不像武则天那样做了皇帝，但自称“朕”的时候并不在少数。在执政的十几年中，她虽然兢兢业业，但当有人劝她放手，把皇权交还皇上的时候，这个曾经在众人面前百般谦逊克制的女人，却毫不犹豫地狠起来，死抓权力，把持着政权。因为她的缘故，宦官和外戚更加嚣张。可见，权势是诱人的，就是邓太后那样的完美女人，也因为舍不得权力，做了东汉政权混乱的始作俑者。

天知、地知、你知、我知

东汉的皇帝们都信奉儒家治国，就是在邓太后这样的女子掌权时，儒家的老大地位也没有改变。既然领导们倡导儒家思想，底下的知识分子跟风的就不在少数，这当中最出名的就要数杨震了。

杨震的先祖当中有不少人做过官的，但其中并不包括他老爸杨宝。杨宝是个知识分子，可他跟严子陵那些人一样，喜欢隐居避世。有一段时间他曾经以教书为生，从杨震的一生看，他受老爸的影响很大。

杨震从小就聪明好学，儒学方面的东西更是门儿清。然而，在他二十岁的时候，朝廷征召人才做官，他却一口回绝了，并说："当官就免了吧，本人从小便立志当老师，发扬儒家文化。"

说到做到，从这时起，杨震便开始自己办学校、收学生。杨震的私人学校开在华山一带，很多人听说后，都想来求学。他很开心，便当众许诺："从今以后，只要是想学习的人，我一概接收，无论贫富、无关贵贱，所有人都是我的学生，我一定平等对待。"

社会风情

东汉士族

弘农杨氏自杨震以后，后代不断出现能人，出了很多高级官员。这样，就形成了一个文化传家的世代大家族——士族。东汉这样的士族还不少，如袁家，第一代是章帝、和帝时代的司徒袁安，后代几世公卿，地位显赫，直至袁绍被曹操消灭为止。士族以文化为尚，多家传六经，弟子、门生众多。与后世的王、谢等士族相比，东汉士族都是家族子弟一代接一代打拼出来的。

杨震这一教书就教了整整三十年，在这三十年间，他的学生达到了三千多人，声名远扬，很多人都称他是“关西孔子”。由于他的知名度太高，朝廷的人再也不能置之不理了。有个叫邓骘的将军因为欣赏他的为人和见识，就把他征召到自己手下。杨震很无奈，他本来想当一辈子老百姓的，结果到头来，还是离不开官场。

杨震虽然年纪大了，但自身的学识和名声很高，在仕途方面称得上平步青云，很多官员都羡慕不已，他无论走到哪儿，总有很多人想跟他结交。一次，有个叫王密的官员就去拜会他，两个人相谈甚欢。

到了晚上，王密又带着十斤黄金来见他，并说：“我知道你从来都不收礼，但我真的是有心跟你做好朋友的，这些黄金你就收下吧。”杨震脸一沉，说：“你既然是我的朋友，那怎么还不了解我的为人呢？”

王密嘿嘿一笑，“我知道你是不好意思，不过大晚上的，谁都不知道我来你家，至于收黄金这事，又有谁能知道呢？”

杨震把递到自己面前的黄金推出去后，便正色说：“这件事

名臣风骨

清白是最好的遗产

杨震少年时即好学，师从名家，学问精深却隐居不出。后来有冠雀（鹳雀）衔了三条鳣鱼，飞栖在讲堂前面，主讲之人拿着鱼说：“蛇鳣，是卿大夫衣服的象征。三是表示三台的意思，先生从此要高升了。”不久杨震出来做官，年已五十。他公正廉明，生活俭朴，家人都蔬食徒步，有人劝他为子孙多置产业，杨震回答：“让后世的人称他们为清白官吏的子孙，不是很好吗？”

情天知道，地知道，你知道，我也知道，你怎么会说没人知道呢？你别再废话了，这东西我是不会收的。”王密见他义正词严的模样，立时红了脸，愧疚地抱着黄金离开了。

后来，杨震的官越做越大，他就不接受任何人的私下拜见了。他还要求自己的家人勤俭节约，饭菜也多是素食，出门逛街都是走路，从来不坐车。有人就劝杨震：“你现在当了官，闲钱也比较多，应该多买点房产土地，将来也好留给子孙后代不是？”

杨震当场回绝：“房产什么的都是浮云，最重要的还是要把我的精神传给他们，让他们跟我一样，将来做个清清白白的官员，这不是更加重要吗？”

他的正直清廉得到了百姓们的认可，然而最后，杨震却被朝中的官员陷害致死。他死前告诉家人：“人的生死本来再寻常不过了，可我遗憾的是自己没能铲除朝廷的奸邪。我死以后，你们就随便找几块木板做棺材，用粗布给我做件寿衣好了，也不用专门把我埋在祖坟，祭祀之类的也免了，我实在是愧对先祖啊。”

杨震死后，百姓们都很伤心。后来他沉冤昭雪时，很多人都专门去参加他的葬礼，缅怀这个清正廉洁的官员。

向历史借智慧

人做事，天在看

总听人说，“恶有恶报，善有善报”，其实这话无关迷信，而是告诫人们，人生环环相扣，你做的每一件事，汇聚成你当下的人生，也构筑了你明天的命运。因此，多做善事，总会有福报；而作恶多了，难免会被人嫉恨。

虞诩增灶破羌兵

公元115年，东汉边境的羌族发生叛乱，冲击政府，驻守在边关的汉军遭遇连连惨败。身在后宫的邓太后着急了，便跟朝中的官员们说："咱们大汉好容易混到今天这份上，怎能容许几个羌族人来搅局呢？我看虞诩这人还不错，就让他去平叛羌人吧。"

邓太后很有眼光，她深知虞诩是个有才能的人，尤其是他在边关混了很多年，从军打仗这些事更是了如指掌。其实，虞诩最开始的时候不过是个读书人。他从小就勤奋好学，再加上天资聪颖，没多久，四邻八乡的人们都知道虞家出了个好儿童。

虞诩当官以后，有次被派到朝歌（今河南淇县）去平叛反贼。当地的官员见到他后说："你一个知识分子，待在朝廷里给领导们出出主意就行了，怎么还跑到这种偏远地方来跟叛贼打交道呢？"

虞诩回答："我虽然是个读书人，但现在既身为朝廷官员，就要听从组织调令。你尽管把朝歌交给我吧，我自有办法平乱。"

名臣风骨

积善之家有余庆

虞诩的祖父虞经，在县里做法官，办案公正，且为人仁慈，每次要上报死刑犯的时候，会伤心得吃不下饭，为之流泪。老年时，虞经感叹说，我办了一辈子的案，只做好事没做过坏事，我的后代里也该出一个九卿级别的大官吧！所以给孙子取字为"升卿"，后来虞诩果然做了大官，官至尚书仆射。

虞诩就在全城范围内招募勇武的人，并把他们分为三等：上等是一些打劫强抢的人，中等是一些善于偷窃的人，下等则是一些不务正业的人。他把这些人聚到一起，请他们喝酒吃饭，并说：“我知道你们都是有罪的人，但如果你们回去以后，诱使自己的同伙出来偷窃抢劫的话，我就免了你们的罪责。”

众人本以为这次必死无疑了，没想到虞诩这么通情达理，当下便喜出望外地答应下来。等他们回去后，果真鼓动同伙出来烧杀抢劫。而虞诩早已在他们出没的地方布下士兵，等犯罪团伙一出现，他一声令下，士兵们便全数冲出去，把人给抓住了。叛乱者经过这件事后，实力大减，就渐渐偃旗息鼓了，百姓们的生活又恢复了安定。

虞诩的政绩传到邓太后这儿，她就顺势把平叛羌族动乱这件事交给他处理了。虞诩又喜又忧，喜的是自己有干大事的机会了，忧的是朝廷只给了几千兵马。他很着急，暗地里说：“咱是去打仗的，羌族那边不知道有多少精兵猛将呢，我倒好，手中的兵马也就两千多。一个不小心，我和这帮兄弟都得葬身沙场了。”

他心里焦急，但表面还是很镇定，在临行的时候还胸有成竹

社会风情

羌族

羌族的历史和匈奴一样古老，传说是被舜帝远迁的三苗族的后裔，《后汉书》里就有专门的一卷来讲羌族。西汉最大的外患是匈奴，而对西羌作战就是东汉政府最大的军事支出之一。东汉初年，受马援镇抚，边境很安静。但随着后任者的强弱，诸羌叛服无常，就这样打打停停持续了数百年，直到东汉灭亡三国归晋，都没有彻底平定。

地鼓舞士气：“你们尽管放心，羌族人根本不足为惧，我也已经想好对付他们的办法了。”

谁知，一行人刚出发没多久，便碰上了几千羌族士兵。虞诩立刻下令，让所有人停止前进，还马上写信给朝廷，说自己兵力不够，请求支援。羌族人知道了都说：“官军那边要派援军过来了，咱们现在才几千人，还是不要妄动为好。”之后，他们随便抢了点儿东西就撤了。虞诩便赶紧领着一帮士兵，偷偷地继续前进。

一路上，他告诉士兵们：“从现在开始，我们每天只走百里路。大家在停下来做饭休息的时候，要挖比前天多一倍的灶坑，让敌军产生错觉，以为我们正在扩充兵力，才不敢贸然攻击。”士兵们一听，都连连称这是个好主意。果然，尾随其后的羌兵见到官军留下的灶坑后，都觉得他们的兵马不少，便再也不敢轻举妄动了。

等官军安然到达目的地后，虞诩又开始整编军队。他招兵买马，迅速组建起一支骑兵队伍后，就拉开了阵势和羌族作战。起初，羌兵因为不了解他们的实力，只好试探着进攻。虞诩就让大部队的人马藏起来，还让负责射箭的士兵用小弓箭。羌兵一看，都哈哈笑起来，说：“我还以为官军有多厉害呢，结果不仅没人撑场面，

野史秘闻

皇家穿衣有讲究

皇家举行宴会时，宫中的妃嫔们，一个个打扮得珠光宝气，花枝招展。唯独邓绥穿得跟尼姑似的。而且，在日常生活中，她一旦发现自己所穿衣服有与阴皇后同色的，就立即换掉，以示对阴皇后的尊重。

就连射出来的箭都毫无威力。”

于是，羌兵这边的将领下令，让主力部队勇往直前，发起猛攻。虞诩一看，赶紧让射箭的士兵换上威力极大的强弩，以二十弩为一组，同时射向一个敌人。利箭离弦，箭无虚发，看着转眼之间就变成“刺猬”的同伴，羌兵都心惊胆战：“官军把我们骗了，他们就是要等我们全力进攻的时候，才杀我们一个措手不及啊！”

想到这儿，羌兵纷纷掉转头，就要往回跑。虞诩见了，立刻率军追赶，见人就杀。当死伤过半的羌兵好容易逃到黄河边时，早就埋伏在这里的官军又突然杀出。羌人的将领们当场崩溃，大哭着说：“天杀的官军，还让不让我们活了啊！”

官军们可不理这些一把鼻涕一把眼泪的家伙，都提刀拔剑地冲过来，奋勇杀敌。很快，这场来势凶猛的叛乱就告一段落，大汉的边关重新恢复宁静，虞诩的名声也越来越响亮。

向历史借智慧

假作真时真亦假

战场如人生，对决时总是真真假假，虚实难辨。虞诩就是抓住了这点迷惑敌人，这才能以少胜多，以弱打强。看来，要想分辨战场上的真假，只有深入敌人内部调研，有真凭实据，才能不被眼前的假象所迷惑。

命硬的杜根

邓太后掌握大权的十几年间，有不少王公大臣都反对她执政："政治是男人的事，你一个女人不好好待在后宫，出来凑啥热闹？"

邓太后是个女权主义者，她此时正在自己的事业平台上发光发热呢，怎么可能把手中的大权交出去？于是，她不仅紧握重权，更暗下决心："咱这辈子就喜欢当政治家，不把这工作做到退休病死的那一天，誓不罢休。哼，谁也别想阻挠我，从今以后，人挡杀人，佛挡杀佛！"

她在维权方面的铁血政策，让很多想劝谏的官员都止步不前。然而，谏官当中有一个不怕死的二愣子，他便是杜根。杜根的老爸杜安很出名，十三岁时就进入国家兴办的太学读书，才华在很多成年人之上，那里的学生和老师都称呼他"小神童"。

既然是"小神童"的儿子，遗传基因就不会差到哪儿去。杜根的学问不差，可惜在为人处世方面，跟老爸差了十万八千里。他见安帝的年纪越来越大，而邓太后还在政界指手画脚，就不满

庙堂真相

富贵是要付出代价的

有权有势是好东西，富贵是好东西，但不知满足，就要付出代价。邓太后去世后，邓家失势，邓氏兄弟被撤官，没收资产田宅，有的还流放远方，很多子弟被迫自杀。东汉外戚多是如此下场，在台上时威风八面，一旦垮台，基本都被灭族。但外戚们还是以飞蛾扑火般的勇气往上闯，真是令人叹息呀！

意了。

为此，他专门写信给太后：“咱们的皇上年纪越来越大，太后您也应该让他学习一下怎么处理国家大事了。再说了，您在政坛都混了这么多年，难道就不想过过清闲日子？我看，您不如趁着现在还年轻，把位子让给后来人，自己也好享清福不是？”

邓太后当场就发飙了，怒骂道：“我虽然是个女人，但这些年来不也把国家治理得井井有条吗？怎么还有这么多人发牢骚！既然这样，就别怪我杀鸡给猴看！”说完，她就派人把杜根抓来，在大殿上审讯。

杜根是个硬脾气，见到太后还继续劝说：“您就是把我抓来也没用，俗话说得好，长江后浪推前浪，难不成您还真想干一辈子？”

邓太后怒不可遏，随即下令：“把这个二愣子给我打死！”侍卫们领命后，便匆匆找来一个白布袋，把杜根装进去捆上。还不等杜根反应过来，一通乱棍就朝他打去，没多久，布袋就从白变红，空气中还弥漫着一股血腥味儿。行刑的人见布袋里没有动静了，便说：“太后，杜根已经被打死了。”

野史秘闻

奶妈干政

小人物也有大历史，别小看了乳母（奶妈），在整垮邓氏家族的事件中，安帝的乳母王圣立了大功，从此深得安帝信任。于是，王圣和她的女儿伯荣勾结宦官，把持朝政，贪污受贿，卖官鬻爵。安帝多次派她们母女前往甘陵扫墓，沿途前呼后拥，郡县官员夹道迎送，有的郡守和王侯还迎着她们的车子叩首行礼。把乳母这工作做得如此有声有色的，真是少见，怕是只有明朝熹宗的乳母客氏才有得一拼。

邓太后冷笑一声说："那就把他扔出宫外吧。从今以后，谁还要再劝我交出大权的话，杜根就是个例子！"看着杜根的尸体被拖出殿外，官员们吓得大气都不敢出。

说来也巧，负责给杜根行刑的这位，是杜根的粉丝，一向很仰慕他，现在见偶像有生命危险，在下手的时候就用上了一些技巧。所以杜根被运出宫外后，便慢慢醒转过来。就在这时，太后派来验尸的人也赶到了。杜根虽然是个较真的人，但在生死关头，他总算把脑筋转过来了，心下暗说："留得青山在，不怕没柴烧。现在可不是硬碰硬的时候，先装死躲过这关再说。"

于是，当验尸人员过来时，他急忙屏住呼吸，骗过了在场的人。后来，等众人走了，杜根依然躺在原地，一动也不敢动。他知道，邓太后现在正在气头上，说不准啥时又叫人过来验尸。如果自己现在逃跑的话，不就暴露自己没死的讯息了吗？

杜根为了活命，一直躺在地上装死。三天后，路过的行人见他满身血污，连眼睛里也生了蛆，纷纷叹息，说前几天还生龙活虎的人，现在竟然一命呜呼，真是生死无常啊！

邓太后听说后，便断定杜根魂归九天，这辈子彻底没戏了，

野史秘闻

会当警察的太后

邓绥由皇后升级为太后不久，宫中就发生了盗窃案：丢了一小箱子大珍珠。新晋太后邓绥决定不采取刑讯逼供的方式来解决问题，而是用与宫人单独交流的方式逐一鉴别，结果偷珠人很快自首。

索性就淡忘了这件事。而杜根在地上装了三天死人，估摸着自己应该没危险了，便趁着天黑爬起来，偷偷逃跑了。他这一逃，就是十几年的时间。在这十几年中，他在宜城山里给人打工，做个酒保。日子长了，店里的人都觉得他品性很好，便对其尊敬有加。

后来，邓太后去世，邓氏家族也迅速败亡。皇帝想起了多年前仗义执言的杜根，便下令说："杜根敢于直言，虽然他早就死了，但咱也不能亏待他的子孙啊。要不把杜家人找出来，该封赏的咱都别吝啬。"

杜根听说这个消息后，便跳出来"自首"："皇上，咱还没死呢，要不您连我一块儿封赏得了。"天下人都大吃一惊，"这么多年，你既然没死，外人也就算了，怎么都不跟家里人联系联系？"

杜根便回答说："我一直在宜城山里打工来着，怎么能算失踪呢？况且我的行踪一旦被暴露的话，亲人朋友不都要遭殃了吗？"之后，他得到了封赏，继续做官，直到七十八岁才去世。

向历史借智慧

留得青山在，不怕没柴烧

春秋时期，吴越两国争霸，越王勾践惨遭灭国。但他忍辱负重，甘愿到敌国去当奴隶，鞍前马后地伺候吴王夫差。历经千难万险，他才得以回到故里，重整旗鼓，最终让夫差身死国灭，自己成为"春秋五霸"之一。"卧薪尝胆"的故事大家都耳熟能详，杜根装死的故事却更能引起人的同情和共鸣。杜根只是一个普通人，他在危险面前"装死"十几年，等待时机，终于获得平反，并继续自己的事业，这是相当了不起的。

“十九侯”事件

公元125年，年仅三十二岁的汉安帝突然病逝，留下十一岁的独子刘保和老婆阎皇后。按理说，他的皇位应该由这个唯一的儿子继承，可阎皇后却不愿意。她说：“咱当个皇后不容易，结果还遇上老公早死，害我都没生下一儿半女。哼，既然现在要当皇帝的不是我儿子，那换谁当不都一样？”

她找来自家的哥哥阎显，“前边几个皇后都在大汉的政治舞台上玩了一把，要不我也上去混混？等我掌握大权后，咱们阎家还不平步青云，大出风头？”

阎显心动了，当下便找来一帮政界人士，想方设法地废了刘保的太子之位，把一个年纪更小的亲王之子——刘懿——扶上了皇位。就这样，阎家出头了，阎皇后在半夜睡觉时都会笑醒，而阎氏兄弟更是在朝中为所欲为，朝中的官员们都敢怒不敢言。

可惜，刘懿这人无福，只当了两百多天的皇帝，便骤然病死了。阎家人为了保住权位，不得不向全国发出诏令：“虽然小皇帝驾

社会风情

一夫一妻制的好处

东汉换太子的事情多次发生，往往是因为皇后和外戚势力从中作梗。安帝皇后阎氏，深受安帝喜爱，但阎后不育，安帝立李夫人之子刘保为太子。李夫人已被阎后毒死，阎后怕太子将来对她不利，就向安帝进谗言，安帝经不起阎后的枕边风，将刘保废去。出现这种情况的根源，就是从前皇帝的多妻制，哪个女人得宠，哪个女人就能左右下一任接班人的人选，要是及早实行一夫一妻制，事情就简单多了。

崩了，不过好在咱刘家的子孙遍布天下。要不你们带着皇子皇孙，来洛阳 PK 一下，咱们到时就选出最优秀的人做皇帝。”

阎家的如意算盘打得很好，不过他们忘了，朝中还有很多不服他们的官员，甚至就连后宫的宦官也心有不服。当时，有一个叫孙程的宦官很不甘心，“先皇死了，他阎家就敢为所欲为。那咱在宫里混了这么多年，还会没资格跟你们一较高下吗？”

于是，孙程私下里召集了一帮宦官，鼓动说：“现在大汉处于危难时刻，咱们好歹算是半个男人，难道不应该在这种时候站出来，为国家的安定尽一份力吗？”

宦官们见他突然小宇宙爆发，很是好奇，便说：“你有啥事就明说吧，只要有利可图，还怕我们不跟上？”

孙程便说：“安帝死后，本来继承皇位的应该是刘保，结果阎家人从中破坏，才出现现在的局面。如今他们又想重立一个傀儡皇帝，作为朝廷的一分子，咱们难道不应该拨乱反正吗？要我说，咱不如把刘保请进宫，让他当皇帝，一来了了先帝的遗愿，二来咱们也立了大功，到时候还怕没好处拿？”

众人一听，都举双手赞成。于是，孙程、王康、王国、黄龙、

社会风情

张衡发明地动仪

汉顺帝时，一天早朝，太史令张衡突然站出来，禀告说：“陛下，昨晚陇西方向发生了地震，请派人前去安抚灾民。”所有人都大吃一惊，那时人们把地震视为天降惩罚，因此有官员威胁说：“陛下亲政以来，百姓安居乐业，上天是不会无缘无故降罪的。你这是胡言乱语，扰乱民心。”但张衡仍坚持己见。几天后，消息传来，陇西确实发生地震，所有人都把张衡当神仙看。

彭恺、孟叔、李建、王成、张贤、史泛、马国、王道、李元、杨佗、陈予、赵封、李刚、魏猛、苗光等十九个宦官经过一番商量，便开始了夺权之争。

他们因为身份特殊，进出宫门都很容易，便召集了一帮人马，手拿刀剑，气势汹汹地冲进金銮殿，发动政变。阎太后猝不及防，根本来不及找帮手，就被他们牵制住。而这十九个宦官趁机迎立太子刘保进宫，坐上了皇位，史称顺帝。

前一刻还风光无限的阎家就此衰亡，而孙程等人更是借用新皇的名义，把阎氏族人一网打尽，巩固了顺帝的政权。顺帝很开心，坐在宝座上连连夸赞他们，还说："多亏有你们十几个兄弟，要不朕还不知道在哪儿混吃混喝呢。这样吧，为了表彰你们的功劳，朕决定封你们为侯，今后国家大事就靠你们了。"

就这样，十九个宦官同时封侯，他们从此后不仅把持朝政，还和外戚联合起来祸乱朝纲，东汉再也不复往日的辉煌了。

向历史借智慧

"因为……所以……"靠不住

因为不是自己的亲生儿子，所以太后要换太子；因为皇帝弱太后强，所以外戚家族要弄权；因为外戚太嚣张，所以宦官们想分得好处，搞了政变；因为在政变中出了力，是功臣，所以宦官们开始嚣张，走外戚弄权的老路……历史往往都是由这种"因为……所以……"在推动着前进，每个身处其中的人都觉得自己的做法是合情合理的……其实为什么就不能反思一下这种做法呢？成大事者须有大智慧，能反思，就是大智慧的一种。

吃皇粮的隐士樊英

顺帝即位后，就把国家大权交到宦官手中，不过他又转念一想，“咱好不容易坐上皇位，也不能一事无成啊。虽然大事上做不了主，但好歹也应该给国家发掘一两个人才不是？”

打定主意的他便开始给朝廷物色人才，一个叫樊英的隐士就此进入候选名单。樊英跟光武帝刘秀是同乡，名声很大。他不仅书读得多，自己还创立了樊氏学说，很多知识分子都到他的门下学习。时间长了，他在东汉的学术界和思想界就有很高的地位。

可惜的是，这样一个学者却对当官没兴趣，还在私下里说：“现在的朝廷乱着呢，又是太监又是外戚的，他们个个跟猴子似的在朝廷里活蹦乱跳，咱一个没靠山的小白兔进去以后，不是随波逐流，就是上台三天就被贬被杀，何苦呢？我现在活得够滋润了，才不跟自己过不去呢。”

当顺帝派人带着厚礼，手拿聘书来请他的时候，他就装病不接受。顺帝很没面子，“多少人想当官都没门道呢，我现在一个

名臣风骨

术士樊英

樊英是隐士又是学问家，但他在《后汉书》里只算一个术士（被归在《方术士列传》），这是什么原因呢？原来，樊英通晓《易经》，在当时形成了易学“樊氏学”，四方学生奔凑前来学习。但易学在东汉时是显学，到《后汉书》作者范晔所在的南朝宋，由显学而变成了“衰学”。所以在范晔的眼里，樊英也就成了不正经的术士了，进不了《儒林列传》或《隐逸列传》了。

当皇上的前来请你，你还装腔作势。哼，既然软的不行，咱就来硬的，就不信你不来洛阳走一遭！”于是顺帝下令，派人强行把樊英带来洛阳。

进了首都的樊英依然如故，只要遇到顺帝派人去请他，他就病恹恹地躺在床上，有气无力地说：“唉，咱身体不行了，怕是没几天可活了。要是进了宫，把病传染给皇上，那多不合适啊。”

顺帝彻底怒了，就让手下们把樊英抬进宫。他看见皇帝后，也只半躺在椅子上，丝毫没有起来行礼的意思。顺帝气得指着他怒骂：“你不过就是个臭教书匠，朕身为这朝廷里的老大，看得上你才让你当官呢，你有啥好骄傲的！我劝你还是识相点，要不你的生死就不是自己能够做主的了。”

樊英不急不缓地回答：“你虽然是老大，但我可从来没想过要在你手下做事，要求一下平等有啥错？再说了，咱从小到大就只想当个好老师，贫穷和富贵、官位的高低，这些在我看来不过都是浮云。你身为皇上，也不能强人所难啊！”

顺帝听后，觉得他的话有道理，只得压下怒火，暂时把他留在洛阳，希望他有朝一日改变主意。樊英在首都一待就是两年，

野史秘闻

天下中庸有胡公

汉时胡广，字伯始，在汉安帝、顺帝、冲帝、质帝、桓帝、灵帝六朝都位居高官，虽然胡广什么本事也没有，但因为“两耳不闻窗外事”就荣华享尽。时人编的顺口溜是“万事不理，问伯始；天下中庸，有胡公”。

顺帝为了改变他的想法，天天好吃好喝招待他，他住的地方也是五星级豪华宾馆，走到哪儿都有人伺候。樊英日子越过越惬意，态度也慢慢软化下来。

一次，顺帝又把他请进宫喝酒吃饭。席间，顺帝向樊英行礼，“我知道先生懂得比我多，又喜欢收徒弟，要不我也当个入室弟子得了。要知道咱在国家大事上有很多不明白的地方，今后还要请教您呢。”之后，他就开始询问政事方面的东西，还嚷嚷着要封樊英做官。

樊英虽然想拒绝，但又暗想：“我都在他这儿吃喝了这么长时间了，吃人嘴软拿人手短，我现在吃也吃了，拿也拿了，咋还好意思说不啊？”他心中虽叫苦不迭，但为了顾全顺帝的面子，只得咬咬牙，勉强接受了。

顺帝很开心，当时就笑起来，“哈哈，先生这下终于能够在朝廷上发光发热了，今后朝廷方面还有很多事需要你出力呢。”

樊英拼命咧开嘴跟着笑，私下却捏了一把汗，“咱后悔来得及不？”当了官后的他也无心处理政事，天天都在寻思怎么辞职。没过两个月，他就再也忍不住了，给顺帝打了辞职信：“咱其实

野史秘闻

最年轻的太皇太后

历史上最年轻的太皇太后是汉时的上官氏。她六岁进宫，同年被封为皇后，她老公汉昭帝刘弗陵也只有十一岁。二十一岁时刘弗陵死，十五岁的上官氏成为皇太后，从此居国母之位四十余年，其实是一辈子在守寡。

也挺想当官的，又有钱拿又不愁没房子住。只是我现在身体实在不行，就是想发光发热也没这条件啊。皇上，咱老占着官位、浪费国家粮食也不是办法，要不还是把它留给有识之士吧。”

顺帝看了辞职信后，感觉很无力，说：“我这两年算是白招待他了，这家伙果真食古不化。咱起初还以为他名声远扬，能够大用，结果到头来却是中看不中用。”顺帝虽然很有挫败感，但知道强扭的瓜不甜，只好答应了樊英的请求，给他办了离休手续，封了个空头官衔，让他回老家去了。

樊英很满意，自己现在不仅能重新过回田园生活，每个月还有退休工资拿。有人见了，便跑去劝他：“你过去打死都不愿做官，后来碍于情面，接受了官位。然而你在其位却不谋其政，对国家没有贡献，怎么还能享受俸禄呢？”

樊英一听，如雷轰顶，说：“你说得对，天下没有白吃的午餐。咱既然不愿为国家效力，那还让国家养着的话，还叫什么隐居呢？”后来，他便再三写信，让顺帝收回官衔和俸禄，一门心思地隐居去了。

向历史借智慧

在其位，要谋其事

隐士就是隐士，吃皇粮的隐士还是隐士吗？所以樊英要赶紧退掉俸禄。这就好比，做皇帝的要日理万机，当农民的要下地种田，尽管他们身处不同岗位，但社会想要向前发展，国家想要安定，人人就得尽职尽责，才对得起自己的身份和地位。所谓“在其位，谋其事”，既然吃皇粮，就要为政府干活；既然做隐士，那就要靠自己的耕种劳动来谋生。

苏章治罪故人

顺帝时期，朝廷里出了个有名的清官——苏章。他的家世很有渊源，祖先在汉武帝时便做了将军，苏章从小刻苦读书，立志将来要做个清官。

然而，当官可不是这么容易的，况且东汉时还没有科举考试。知识分子们想要踏上仕途，也得有人推荐。苏章为了求学，还曾经背着书籍，四处探访名师，增加见闻。等到安帝的时候，由于他学问和名声兼备，便被朝廷征召，当上了国家公务员。

苏章心愿达成，做起事来更是干劲十足。他不仅在皇帝面前敢于直言，评判时政，还曾经在灾年开仓赈灾，救活了很多老百姓。顺帝即位后，见他清廉正直，便提拔他到冀州一带去察访民情，将不法官员绳之以法。

苏章接受命令后，便亲口许诺："皇上您放心，咱当了这么久的官，这名声可不是白来的。这些官员中一旦有不法者，就算他是我老爹，我都一定大义灭亲。"苏章说得倒是很痛快，但他

社会风情

家风很重要

好人是好家庭教育出来的，坏人是坏家庭教育出来的，好官苏章，就是苏家的好家风教育出来的。苏章的祖父苏纯，就是一个性格正直、直言不讳、不徇私不袒护的人，朋友们常说："和老苏在一起，很怕听他教诲责备人，可几天不见他嘛，就会很想他。"

没想到的是，这次出访冀州，真的遇上了让自己左右为难的事。

原来，冀州一带有个清河县，当地的县长是苏章学生时代的好友。他们的关系一直很好，还都在少年的时候立志，要当个好官。可惜的是，这个好友自从当上官后，就发现官场黑暗，便说：“咱是想当个好官，可惜现实不允许啊。人人都在贪污受贿，咱要是不干这事的话，不知会被多少人使绊子下黑手呢。既然如此，咱还不如跟着捞一把钱，今后也能过上好日子不是？”

于是，他就借职务之便，贪污了不少钱财。当他听说中央派人下来明察暗访后，吓坏了，连忙找人询问情况：“这新来的冀州刺史到底是谁啊？好说话不？要知道咱手里可捞了不少赃钱，也不知道能不能想法子把他的嘴堵上？”

众人见县长有难，当即为他四处搜罗信息，而当他一看到苏章的名字后，就震惊了，“难道这个苏章是我求学时代的那个好友？”他们俩很多年没见了，由于那时候的通信不发达，两人便逐渐失去了联系。

现在大伙儿听他好像认识苏章，就连忙出主意说：“既然你们相识，那事情就好办多了。您把他请来吃顿饭，送点东西，碍

野史秘闻

会喊冤的老虎

东汉时童恢为县令，有老虎杀人，村民捕得两只。童恢升堂，问虎：“谁是凶手，从实招来。”一虎低头闭目作惧怕样，童恢下令杀了它；一虎跳跃呼吼，作喊冤样，童恢下令放了它。

于以前的情谊，他肯定会放过您的。”

与此同时，苏章也得知了清河县长贪污犯法的事，想要彻查一番。当他看到昔日好友的名字时，心中也着实震惊了一把，他想起临行前下的保证，知道真正考验自己的时候来了。

当他收到好友的邀请函后，二话不说就来赴宴。两人一见面，就都笑起来，“哈哈，原来真的是老朋友，咱们真是多年不见了啊。”两个人边喝酒边聊天，相谈甚欢。

那好友见苏章笑逐颜开的模样，便想趁着酒兴，把涉嫌贪污这件事给解决了。谁知，苏章把手一摆，正色说：“今天我来，纯粹是跟你聊聊天的，不谈任何公事。”对方见他态度坚决，也不好再说什么了。

第二天，这个好友还想着前去登门拜访，顺便带点礼物送给苏章。谁知还没等出门，苏章就派人把他抓进官府，对他贪污受贿一事进行审问。好友吓得冷汗直冒，但嘴里还在说：“苏章啊，咱俩也算是老朋友了，以前关系又那么好，昨晚我还请你吃饭呢。可是这么多年没见，你怎么变得越来越不通人情了呢？”

苏章把脸一沉，说：“不是我不念旧情，而是你早就不是当

名臣风骨

“贞节先生”范丹

范丹被尊为中国古代廉吏典范。汉桓帝时，被任命为莱芜长（历史上第一个莱芜长）。党锢之祸时，逃亡在外，以“不得匡世济时”为憾，用小车推着妻子，徒行敝服，卖卜为生，如此达十多年之久，却不以为苦。党锢解除后，太尉、司徒、司空三府交相举荐他做官，但范丹坚辞不就，后卒于家，年七十四岁。汉灵帝诏谥其为“贞节先生”。

年的你了啊。我们当初求学的时候，曾经立志要当个正直清廉的好官，可是你居然忘记誓言，做出这么多贪赃枉法的事，这难道是对的吗？再说我们身为朝廷官员，一来要效忠君主，二来要为民做主，这两点你都没做到，作为你的朋友，我难道要任由你继续错下去吗？”

好友听到这儿，便羞愧地低下头，再也没话可说了。苏章查明对方的罪行后，就依法将他免职。从这以后，苏章的正面形象更是大幅提升，名声也越来越响亮。

向历史借智慧

常立志不如立长志

有意气风发的成功者，就有颓丧不振的失败者。其实，最初的时候，很多人都是站在同一起跑线上。他们受同等的教育，立下同样的志向，然而能坚持目标直到成功的人却微乎其微。由此可见，立志容易，而守志却很艰难。

梁太后执政

公元 128 年，大将军梁商的女儿梁妠被选进宫，当了汉顺帝的妃嫔。梁妠在后宫的晋升速度很快，她先是做了贵人，后来顺帝一开心，就让她做了自己的大老婆，成为母仪天下的皇后。

梁妠能得到顺帝的喜爱，不是没有道理的。她从小就精于女红，而且为人谦虚，善于揣摩人心。心灵手巧都占全了，想不得到顺帝的喜欢也很难呀。顺帝还在位的时候，她为人很低调，老爸在朝廷里干了一辈子，到死也只是个京城里的中级军官。

公元 144 年，年仅三十岁的顺帝去世，梁妠升为太后，她的政治生涯也正式开启。她虽然嫁给顺帝多年，却一直没能生下儿子。现在顺帝死了，大家只好把虞美人刚满两岁的儿子刘炳抱上台，史称汉冲帝。

冲帝刚刚上台，梁太后的哥哥梁冀就对妹妹说："现在这小皇帝啥都不懂，不正好是你大展身手的好机会吗？再说了，你从小到大读了这么多书，不实践一下岂不可惜？"梁太后觉得哥哥

野史秘闻

梁冀怕老婆

别看梁冀在百官面前威风凛凛，跋扈得很，对老婆孙寿却有点害怕。当初，梁冀老爹梁商有个美女，本来献给了顺帝，但顺帝又给退了回来，梁商就把她给嫁了。但梁冀又偷偷把她弄了回来，两人常常幽会，在他为老爹守孝期间也没有停止过。孙寿知道后，抓来美女，铰断了头发，抓破了脸，用大板子一通痛扁。孙寿还扬言要去皇帝那里告状，吓得梁冀赶紧去动员岳母，才平息了这件事。

说得很对，便趁机把握大权，开始临朝听政。

她刚一上台，就想：“咱现在虽然掌握大权，但毕竟是个二十多岁的女人，很多事情不好出面解决。如今看来，只有重用信得过的人，才能帮自己一把。”长年住在后宫的她，跟大臣们的接触很少，如果要谈信任的话，也只有梁冀这个哥哥了。也因此，梁太后的上台促成了梁氏外戚势力的崛起。

随着梁冀的权势越来越大，他便渐渐不把众人放在眼里。冲帝是个没福气的小孩儿，刚当上皇帝没几个月，就突然死去。梁太后很无奈，便找来梁冀，商量继承人的事。梁冀说：“刘家的子孙虽然多，但咱作为外来户，刚刚翻身当了主人，无论如何也要多享受几年不是？这样吧，咱还是挑年纪小的继承皇位，将来也好控制。”

于是，梁太后便找来年仅八岁的刘缵继承皇位。然而，出乎意料的是，这个小皇帝很有个性。有一次，小皇帝在朝堂上看见梁冀颐指气使的模样后，没忍住，多了一句嘴：“这可真是个跋扈将军呀！”

话一出口，梁冀觉得很没面子。在场的官员们都低下头，表

庙堂真相

趁火打劫被封侯

宦官侯览，为人狡猾谄媚，深得皇帝宠信。汉桓帝延熹年间，连年征伐，国库空虚，朝廷向百官借贷。侯览立即献上缣布五千匹，被赐封“关内侯”。

面上虽然装没听见，可暗地里都为小皇帝叫好。等到退朝后，梁冀就跑去跟妹妹说："这小家伙今年才八岁，就这么有反抗精神。如果再大点的话，咱们哪还有好日子过？"

为了让梁家人有好日子过，梁冀把心一横，毒死了刘缵。接着，梁太后又把十五岁的刘志扶上皇位，史称汉桓帝。桓帝刚一上台，这两兄妹就开始为自己想后路。说是后路，其实就是把梁太后的妹妹召进宫，做桓帝的皇后。这招可够绝的，毕竟将来太后不行了，还有皇后顶上，反正都是梁家人，亏不着。

梁家的势力越来越大，太后有些不放心了，暗道："现在就咱梁家独大，时间长了，肯定会有人不满。为了长远考虑，还是应该平衡各方势力啊。"于是，她开始重用太监和支持自己的官员。

至此，东汉的朝廷被这三方势力搅得乌烟瘴气，而梁太后也借此稳住了权位，直到公元150年，太后病重去世，桓帝才得以亲政，拿回属于自己的权力。

向历史借智慧

不要逞一时之聪明

汉质帝刘缵对梁冀的蛮横劲儿看不惯，说了一句："真是个跋扈将军！"结果就被他给毒死了。小小年纪有如此遭遇，真让人同情。但质帝的故事也提醒我们，做事不要逞聪明，梁冀跋扈，大家都明白，但在没有合适的解决办法之前，逞一时之快，只能是给自己添堵。古人讲"名利场中，难容伶俐"，就是这个道理。

第四章　急转直下

公元 159 年，汉桓帝以江湖方式与几个太监结成生死兄弟，干掉了外戚梁冀。朝政一时清明，知识分子拍手称快。然而，梁冀的死亡不能使东汉政治回暖，而只是回光返照。

东汉急转直下时，一大批被后人称颂的知识分子开始异常活跃。正当人们看到希望时，茁壮成长起来的宦官势力又对这批知识分子进行打压。

东汉的黄昏来临。

李固与杜乔之死

梁太后的哥哥梁冀在朝中作威作福，大多数官员都敢怒不敢言。然而，历史在任何时候都不缺乏正义者的呼声。这一次，作为正义方出面对抗梁冀的，就是李固和杜乔。这两人在百姓中的人气指数很高，就是在朝的官员，也大多对他们很尊敬。其中，李固在社会上的名声更为显赫。

李固是典型的官宦家庭出身，虽然从小吃穿不愁，零用钱也是大把大把的，但这些并没使他堕落成一个纨绔子弟。相反，他是个勤学好问的人。他可以为了学到知识，而不远万里地去拜访名师；他也可以为了增长见闻，而四方游历。后来，他去国家公办的大学里读书，跟同学们的关系都很融洽。因为为人谦虚，处事也很低调，因此很多同学跟他相交多年，都不知道他是个官二代。

就是这样一个人，在进入官场后，却一改以往的低调作风，力图改变时局，挽回逐渐衰落的东汉王朝。早在顺帝在位之时，他因为担心外戚的问题，便专门写信给梁商，也就是梁太后的老

社会风情

合称“李杜”的人

对历史上同一时代或时代相距不远，很有名声的几人，后世之人为了表达敬仰之情，往往喜欢将他们连在一起称呼。如东汉之前的“两司马”（司马迁、司马相如），之后的“建安七子”“竹林七贤”等。历史最出名的连称恐怕要算“李杜”了，在东汉有两个（李固、杜乔，李膺、杜密），唐朝有两个（李白、杜甫，李商隐、杜牧），前两个都是儒家名士，后两个都是诗人，很有时代性。

爸，劝说道："梁家已经混得够好了，您女儿当上皇后不说，您也是个大将军。要是我的话，一定会急流勇退，毕竟树大招风啊。您也别见怪，我这是为了你好才这样说的。"

梁商收到信后，顿时火冒三丈，怒骂道："你自己没我混得好，才劝我退位让贤吧。哼，咱就是要退，也要先把你轰出洛阳城！"之后，梁商果真找了个借口，把李固调出京城。

出了京城的李固并没有一蹶不振，他在新的岗位上尽职尽责，把所管辖的地方搞得有声有色。官员们见了，就给中央提意见说："李固挺有本事的，大汉现在急需这样的人才，要不还是把他调回首都吧。"

当时受理意见的已经换成了梁冀，而梁商早就去世了。梁冀很少遵从民意，但这次他想："现在整个洛阳城都是我说了算，他一个李固能改变什么？再说现在老爸都死了，就算我把他调回来，也没人说我不孝了。"于是，想提高一点人气指数的梁冀就把李固调回洛阳。

他万万没想到，就是这样一个决定，使自己今后在专权道路上遇到了不少障碍。当时，除了李固外，还有杜乔也对梁冀多有

社会风情

汉朝画像砖

汉朝画像砖是中国古代艺术史上的瑰宝。古人流行厚葬，汉画像砖常用于墓室建筑装饰，其题材内容非常丰富，"成教化、助人伦"，常见的有鳞身伏羲、蛇躯女娲、西王母东王公、轺车出行、忠臣孝子、烈士贞女、市井人物、渔猎耕读、建筑园林、草木禽兽、文字书法等，深刻折射了两汉时期的政治、经济、军事、社会、思想、文化的世间风貌和审美格局。

不满。一次，有个官员想贿赂梁冀，便专门打造了一条金蛇，想找机会送给他。谁知还没等送出去呢，就有人向杜乔告发这件事。

杜乔也是个直脾气，二话不说就把金蛇给没收了。梁冀听说了这件事，便跑来跟杜乔说："听说有人要贿赂我，还是条金蛇。现在既然被你没收了，咱也不好要回去。不过，你好歹让我瞅一眼，我至今还没见过金蛇是啥样呢。"

杜乔轻哼一声，"有啥好看的？这金蛇就算再好看，它也是赃物，怎么能再公之于世呢？你还是断了这个念头吧。"杜乔油盐不进，就这样把梁冀得罪了。

等到李固重回洛阳，他二人就经常在政见和国家继承人的问题上跟梁冀唱反调。当八岁的刘缵被毒死后，李固等人便站出来，主张立清河王刘蒜为帝。还联合了好几个官员，以壮大声势。

梁冀很郁闷，暗骂李固："从这家伙重回洛阳后，我就没过过一天好日子。别的事也就不计较了，但每次立皇帝，他都要出来插一脚。哼，如果再不给他点颜色瞧瞧的话，恐怕大伙儿都会以为我好欺负，专权这事就要成浮云了。"

于是，他憋着满腔怒火，召集群臣开会。李固、杜乔等人据

名臣风骨

"豺狼当路，安问狐狸"

汉顺帝时，外戚梁家权势熏天，朝廷派遣一批官员去巡视各州，检举贪赃枉法之徒。其他人都出发了，只有官员张纲不肯出发，愤愤不平地说："如今豺狼横行当道，不去抓捕，却要去抓些狐狸吗？"于是当即写下弹劾奏章，列举大将军梁冀和河南尹梁不疑的十五条罪状，奏章呈上去后，整个京城都震惊了。

理力争，说话头头是道，有的官员也忍不住，站出来仗义执言。梁冀着急了，索性把脸一沉，气势汹汹地破口大骂。官员们见他动了真火，连忙噤声不语。就在李固和杜乔要继续说话时，梁冀更是袖子一挥，大声宣布："散会！"

随后，他跑去找妹妹梁太后，说："李固这家伙越来越没规矩了，什么事情都要插一脚。妹妹啊，你最好还是趁早炒了他的鱿鱼。否则时间一长，他的势力越来越大，咱们梁家就没说话的分量了。"梁太后觉得有理，便撤了李固的官职，让他回家种田去。

然而，李固的离开并没使梁冀放心。没过多久，有官员想暗自策划立刘蒜当皇帝。这件事被梁冀知道后，他立马找来李固，一口咬定李固是合谋者。就这样，五十四岁的李固最终难逃冤死的命运，跟他一同受害的还有杜乔。李固在临死前写下一封绝命书："我本来想力挽狂澜让大汉中兴的，结果外戚势力太强大，我已无力改变。更可气的是，朝廷中有很多官员，心中明白是非对错，却顾及性命和官位，不愿说实话，只是一味曲意奉承。相比而言，我现在虽然难逃一死，但却死得其所，无怨无悔。"

向历史借智慧

"好人"总是很受伤

历史上，君子总是斗不过小人，好人跟坏人拼，往往很受伤，但文明的积累、历史的进步，老百姓生活的改善，都是靠一批批"好人"的推动来实现的。虽然他们个人遭遇了不幸，但为理想而死，也是死得其所，死了也还活在人民的心里。当然，我们立志要做一个"好人"，一个对社会和人民有益的人，如果既能做成好事，又能保护自己不受伤，那就更完满了。

“跋扈将军”之死

公元146年，刘志在梁家人的拥立下登上皇位，史称汉桓帝。本来跟皇帝无缘的刘志，突然间当了天下人的老大，那感觉可不是中五百万彩票能够比拟的。然而，刚刚登基的他发现，朝中无论大小事，都是梁太后和梁冀说了算，自己的皇帝之位不过是虚有其名。

桓帝很郁闷，但地位还没得到巩固，他只好私下给自己打气：“再忍忍吧，好歹咱也是正牌皇帝，等咱成人了，难道这帮家伙会不把政权还给我？”事实证明，桓帝在政治方面是很天真的。

他在皇位上待了十几年，一直到二十八岁，梁家人也没把政权还给他。桓帝着急了，暗地里不知诅咒了多少次：“天杀的梁冀一伙，抓住大权就不放手，太不地道了。眼看咱都是奔三的人了，居然还不能做回主，枉为皇帝啊！”

桓帝越来越郁闷，反观梁冀，却是越来越嚣张。他自从发达以后，各种癖好层出不穷，其中一个就是养兔子。梁冀不愧是个

庙堂真相

东汉多幼帝

在东汉一百九十六年的历史里，共经历了十二位皇帝，即位时大多是幼年皇帝，其中未满十六岁的九人，就占了四分之三。而且，大多在青壮年时就崩逝了，除了光武帝（刘秀）、明帝（刘庄）、献帝（刘协），其余的死时都未满三十六岁。这是东汉政治的又一大怪圈。

有钱人，就连养宠物也是大笔消费。他专门买了一处庄园，从全国各地搜集兔子，把它们放养在庄园里。

梁冀甚至给人下命令："这些兔子只要进了我梁家的大门，生是我的兔子，死是我家的鬼。你们把它们统统做上记号，如果有谁敢猎杀它们的话，我就把他的头砍下来当球踢！"这话一出口，洛阳城的老百姓从此以后见着兔子就跑，连看都不敢多看一眼。

可惜，他的这条禁令只在国内流传，有个从西域来的商人可不知道。他进了洛阳城后，便随手猎杀了一只兔子来吃。事情很快传入梁冀耳中，他不问青红皂白，就给手下们下命令："杀鸡儆猴！管他是哪儿的人，杀了我的兔子就是犯法，你们去把他抓来杀了！"后来，不仅商人被处死，牵扯其中的还有十来人。

梁冀的铁血作风镇住了所有人，从这以后，更加没人敢违逆他了。他掌握大权期间，大肆敛财，又是买房子，又是泡美眉，所有有钱人能干的事，他一样没落，全做了。后来，他听说桓帝宠幸后宫的梁贵人，就说："说起来，这贵人跟咱家可没多大关系。她将来要是得势了，对咱家不是威胁很大吗？"

为了铲除后患，他派人去暗杀梁贵人的老妈。谁知，暗杀事

社会风情

五侯

请人帮了忙，就得给人好处，在单超、唐衡等五宦官的生死相助下，汉桓帝得以咸鱼翻身，终于把大权从梁氏外戚中夺过来，不久，他就封单超为新丰侯、徐璜为武原侯、左悺为上蔡侯、具瑗为东武阳侯、唐衡为汝阳侯。一日五封侯，史称"五侯"。五侯势倾一时，成为汉政府的又一大祸害。

件不仅没成功，还传到了桓帝耳中。桓帝很生气，“这都欺负到我头上来了，过两天他要是一个不爽，岂不连我都被他‘咔嚓’？”

郁闷了十多年的桓帝总算觉醒了，可惜周围都是梁冀的眼线，自己就是想奋起反抗，也找不到合适的人手和时机。万般无奈，他只好找宫里的太监商量。一次，他借口上厕所，顺便把一个叫唐衡的宦官叫进来，低声说：“梁冀这家伙越来越无法无天了，朕决定要起事，你有啥好的意见不？”

唐衡一听，连忙笑着点头，说：“老大您总算下决心了，放心吧，这宫里看不惯梁冀的太监多着呢，您稍等，我去把他们叫进来，大家一起商量商量。”

果然，片刻之后，唐衡就领着太监单超、徐璜、具瑗、左悺进来了。他们一见桓帝，就行了礼，说：“咱哥儿几个早就受够梁冀的窝囊气了，现在老大您既然开了口，我们就在这里歃血为盟，一起起事，把梁冀给铲除了！”说完，众人咬破手指发誓。

桓帝一见血晕了，问：“咱是皇上，也要咬？”众人很无奈，说：“皇上，咱们是在结盟，这是生死攸关的事，难道您想反悔？”桓帝看他们紧迫盯人的模样，只好一咬牙，抓起单超的手臂，狠

庙堂真相

名士也许就在身边

种皓一开始在某县做小办事员，县领导有个外甥叫王谌，很有识人之能，领导让外甥推荐名士。不久，王谌偶然间看到了种皓，就那么远远地看了一眼，就在人群中发现了这个人才，回去就向领导汇报了。领导说，我让你找名士，你怎么给我找来一个小办事员啊，名士不是应该隐居在大山里吗？王谌回答：“大山里不一定就有名士，名士也不一定就不在城里。”

狠咬下去。单超痛得嗷嗷叫："皇上，您咋不咬自己的？"桓帝嘿嘿一笑："咱是皇上，想咬哪儿就咬哪儿。"于是，这次的厕所结盟正式达成，接下来就是筹备夺权事宜了。梁冀嚣张惯了，他压根儿没想到，朝堂上那个当了十几年窝囊老大的桓帝，居然还有反抗精神。在他毫无防备的时候，桓帝先让人关押了他的亲信。随后，皇宫戒严，桓帝让太监具瑗找了一千多御林军，包围了他的住宅。

梁冀吓坏了，在家里窝着，急得团团转。他看着屋外黑压压的士兵，喃喃自语："咱混了几十年，本来还想风光大葬呢，现在看来是没戏了啊。"他深知自己已经无路可逃，索性服毒自杀。

梁冀死后，梁氏家族的人不是被开除，就是被处死，而他的亲信们也无一幸免，全国上下一片叫好。百姓们见大奸臣被除，乐得手舞足蹈；而桓帝因为查抄梁家，得到不少钱财，也乐得合不拢嘴；至于起事的太监们，更是因为大权落在他们手中，开心得睡不着觉。

向历史借智慧

人不知止要吃大亏

梁冀为了掌握大权，勾心斗角、机关算尽地斗了数十年，却从没想到，春风得意的他在最后关头，给自己招来了杀身之祸。这可以说是他一时的疏忽造成的，但更是必然，历史上同类的事情已经发生过很多次。梁氏外戚一门掌控朝政多年，横行霸道，说一不二，连皇帝也不敢得罪他们。但人要是不懂得收敛，不知进止，终究是要吃大亏的，像梁冀这样，身死家破，天大的荣华富贵瞬间也就化为泡影。

范滂督察天下

东汉中后期，宦官和外戚在朝廷中为所欲为，国家的经济连年下滑，百姓们的日子也越过越难。很多官员见到这种情况，都龟缩着，暗自说："枪打出头鸟，咱好不容易当上官，势单力薄，改变现状是别想了，还是好好享受下生活吧。"于是，朝廷上下，不只是宦官和外戚不务正业，就连很多官员也开始混日子。

一个叫范滂的人看不过去了，暗下决心："如果我今后当上官，一定要铲除这些贪官污吏，还天下一片清明。"后来，他因为品德高尚，渐渐有了名望，朝廷果真让他在官府任职。

当了官的范滂，在自己的管辖范围内，只要发现有官员贪赃枉法，就二话不说地给予严惩。至于那些想要贿赂他的官员，在他面前都退避三舍。曾经有一次，领导们派他出巡查办，他就当众立下保证书，要把遇到的贪官污吏都绳之以法。范滂边走边查，很多官员都因此遭殃。

等他来到冀州这个地方时，当地的官员都纷纷递交辞职信。

名臣风骨

揽辔澄清

某年，冀州发生饥荒，贪官污吏们照样过着糜烂的奢侈生活，对灾民们不闻不问，饥民们纷纷起来造反。朝廷派范滂为清诏使前去考察。他接到命令后感到责任重大，临行时在马上手执缰绳，对随从说："一定要查明真相，澄清天下。"这就是"揽辔澄清"成语的出处。

有人很奇怪，就问他们原因。这帮官员们边打包行李边回答：“范滂那家伙六亲不认，咱从当官开始，都算不清贪了多少钱了。如果让他查到，别说变成穷光蛋，恐怕就连命都没了啊。”官员们望风而逃，范滂清正廉明的名声也越来越响。

一次，范滂奉命察访民情，考察官员政绩。在上报领导的时候，他检举了当地二十多个贪官污吏的名字。领导一看，以一副怀疑的口气问：“这贪赃枉法的人也太多了吧？你确定查清楚了吗？要是回头我发现有不实之处，我可怀疑你掺杂私情了啊。”范滂反驳说：“我一直发誓，要做个杜绝腐败的官员。这些人自然都是证据确凿才上报给您的。如果其中有一丝一毫不真实的地方，就是对我人格的侮辱。您尽管去查好了，如果这些官员没有犯法的话，我甘愿受罚！”领导哑口无言。

后来，有个叫宗资的官员听说范滂为官清廉，就把他调到自己身边，在人事部门工作。然而，范滂上任没多久，便遇到了难题。原来，他有个外甥叫李颂，人品很差，属于过街老鼠类型。就是这样一个人，却靠着投机取巧的本事，攀上了太监唐衡这根高枝。

唐衡说：“你跟在我身边，我是不会让你白混的。要不你去

名臣风骨

范滂“清节”

范滂为当时名士团体“八顾”之一，以“清节”为人所称道。在灵帝时的第二次“党锢之祸”中，范滂在被抓名单之上。家乡父母官前去逮捕他时，竟在驿舍大哭，另一官员则准备撂担子不干了，要和范滂一起逃亡。范滂母亲对范滂说：“你今天是和李膺、杜密一起去死，和他们死在一起，有什么可遗憾的呢？”范滂于是坦然受死。

宗资那儿报到，让他给你个官做。”李颂听后，便屁颠儿屁颠儿地跑去找宗资要官。宗资很识相，他知道唐衡是自己惹不起的。可范滂却不同了，他站出来说：“李颂就算是我外甥，我也不同意他当官。这家伙做平头老百姓就不地道，要是让他当了官，老百姓不就遭殃了吗？”

范滂管着人事部门，说不任命就不任命。宗资又急又气，恨不得抽自己一耳光，“咱当初怎么就没想到，把范滂给请进来，就是搬起石头砸自己的脚啊。”他不好对范滂发怒，只好找来打下手的朱零，让他通融通融。谁知朱零自从跟着范滂混，人也变得正直起来了，在这件事上同样坚决地说“不”。宗资气得跳脚，当场就叫来下人，说要把他打清醒点儿。

朱零轻哼一声，“您今天就算把我打死，我也要站在范滂这边！”宗资见他毫不妥协，只好叹口气，暗说自己倒霉，碰上的全是些不知变通的家伙。

范滂为官多年，一直谨守自己当初的誓言，严惩贪官污吏，在百姓中间赢得了好名声。遗憾的是，身处在东汉后期那样的黑暗官场中，势单力薄，他最终也未能改变现状。

向历史借智慧

用人者也是需要勇气的

范滂是人才，这点毋庸置疑。然而在东汉那样黑暗的官场中，想要用他的宗资，不得不说也是勇气可嘉。没办法，人才虽有用，但是太正直，就会像一把双刃剑，伤了别人的同时，可能自己也免不了受伤。然而，相比起来，弃置不用人才真正可气。这种人罔顾大局，只顾眼前利益，他们恐怕眼见着东汉政权垮台，也是无动于衷。所以，宗资这样的人，倒是比范滂还要多了几丝亲切感了。

陈蕃的待客床

历史上任何黑暗的时期，都不乏有识之士想要拨乱反正，范滂如此，陈蕃也如此。陈蕃出生于河南平舆，跟发动秦末农民起义的陈胜是老乡，不同的是前者破旧立新，而陈蕃却试图让东汉王朝走向中兴。

陈蕃的祖父虽然当过官，但他出生以后，家境却大不如前。不过陈家人很明事理，坚持“苦啥不能苦孩子，穷啥不能穷教育”的原则，从小就教育他要勤奋读书。陈蕃不负众望，刻苦读书，见识也越来越广。

他十五岁的时候，老爸的朋友薛勤前来拜访，看到他一人在庭院里读书，院中堆满了杂物，荒草丛生。薛勤不由得皱了眉，说：“咱好歹算是客人，你知道我要来，怎么都不打扫一下呢？”

陈蕃耸耸肩，回答：“我将来是要做大事的人，以扫除天下为己任，这不过是个简陋的住处罢了，何必劳我亲自动手呢？”

薛勤很惊讶，心中暗暗赞叹：“没想到陈蕃小小年纪，就胸

名臣风骨

谁更厉害

东汉人喜欢品评人物。陈蕃和李膺同时代，都有贤名，堪称文人楷模。当时人常常将两人的成就和德行放在一起来谈，讨论谁先谁后。蔡邕评价说：“陈蕃敢于冒犯天子，李膺严于整饬下属。冒犯天子难，整饬下属容易。”于是把陈蕃的名次排为“三君”之末，李膺的名次排在“八俊”之首。

怀大志，将来肯定有出息。”尽管如此，他还是劝说对方：“你有志向是好事，不过你现在连眼前的杂物都不知道打扫，以后又拿什么清扫天下呢？”陈蕃听后，犹如醍醐灌顶，当下承认了自己的错误，开始打扫庭院。

等到后来陈蕃做官，他也的确如年少时候许下的志向一样，誓要匡扶天下。当时，民间因为连年的天灾人祸，在零陵、桂阳一带出现了山贼。官员们向皇上建议，说一定要严惩不贷。至于负责镇压山贼的官员和将军，为了不让他们白干活，事成之后都一律有赏。

陈蕃立马驳斥这些人，说：“你们说的办法都治标不治本。现在天下之所以出现这么多的反贼，无非是因为贪官污吏太多，官逼民反。依我看，要想彻底消灭山贼的话，就应该撤掉那些贪赃枉法、不顾百姓生死的官员，改用清正廉洁的官员，到时候百姓们的日子都好过了，试问谁还想去当山贼？”

他实话实说，但听话的人可就不爽了。大家都暗地里骂陈蕃：“这家伙这样说，不就代表咱们也是那些浑水摸鱼的贪官吗？哼，既然全体官员里边就你正直，那还是别跟我们同流合污了吧。”

野史秘闻

没有被杀的人才们

韩信在刘邦手下当小官时被抓，要砍头，韩信大喊，为什么要杀人才呢？夏侯婴认为韩信是人才，放了，后来韩信成了将军。李勣被李渊捉住要杀头时，李勣大喊，为什么要杀壮士啊？结果，李勣被释放，成为大唐名将。安禄山偷羊，要砍头，安禄山大喊，为什么要杀壮士呢？张守珪认为安禄山是人才，放了，后来安禄山成了大唐反贼。

没多久，得罪了众人的陈蕃便被贬官到豫章郡，临行前也没几人愿意送他。

就在众人以为他就此一蹶不振的时候，陈蕃却丝毫不在乎。本来嘛，在洛阳当官，和在外地当官没啥区别，都是为国家出力。于是，刚到豫章郡的陈蕃就开始打听："这地方有啥人才没有？"

下边的人一听领导问话，连忙回答："有个叫徐孺的人，他品德高尚，学问也高，算是个人才。"陈蕃一听，连东西也来不及收拾了，便叫人去把徐孺请来。

手下们就说："您刚到这儿，还是休息一下，过几天再去找人吧。"

陈蕃连连摆手说："我休息的时候多得是，但徐孺这样真才实学的人，对国家来说却是可遇不可求的。现在国家衰败，难道还能等吗？况且连周武王那样的国君，遇到人才都礼敬有加，更何况我这种凡夫俗子呢。"

其实，徐孺并不是什么大富大贵的人，他虽然自幼寻访名师，学了很多东西，但家境贫寒，平时还得种庄稼才能养活自己。陈蕃可不在乎这些，他只在乎对方有真才实学，德才兼备，是个难

名臣风骨

优秀的人才不贪污

东汉庐江太守羊续，从不受贿。有下属送给他一条鲤鱼，他坚决不收。但下属丢下鱼就走。羊续拒收不成，把那条鱼挂在厨房前面的屋檐之下，晒干晒臭以后再将鱼扔掉。在不久之后，那位下属又送了两条鳜鱼来。羊续依然用此办法处理。从此，没人再敢给羊续送礼。

得的人才。

为了表示对人才的重视，在徐孺到来前，陈蕃还专门让人准备了一张舒适的活动床。等徐孺一到，他就把床铺好，让对方坐在上面，跟他探讨国家大事，论古说今。徐孺妙语连珠，让陈蕃受益匪浅，两人说话间也经常忘了时间。等到徐孺离开，他又命人把活动床收起来，束之高阁，并说："对待徐孺这样的高洁之士，单单为他准备一张活动床是不够的，只愿我的真心能够打动他才好啊。"

然而，东汉后期的时局动乱，再加上徐孺过惯了隐居的恬淡生活，陈蕃最终也没能说服他。到最后，就连陈蕃自己，也因当时的内忧外患所害而身首异处。

向历史借智慧

做生活的勇者

陈蕃做官，不为自己，只为国家，为百姓。也正因此，他才万分渴慕徐孺这样的人才。然而，对方却有感于当时的乱世，终身不愿当官。这就好比坐在一条船上的人，当船有破洞的时候，有人想方设法地想要修补好，而有人却选择忽视，只管欣赏眼前美景。两相对比之下，谁更是勇者呢？我们身处在这个世上，纵然有不如意，但一味谩骂、逃避，终究不能解决问题。倒不如团结起来，共同面对。

李膺好杀人

东汉末年，尽管国家越来越衰败，但成千上万的知识分子还是很有信仰的。他们常以当时一些道德高尚的人为标榜，比如李膺，当时的人称他为“天下楷模李元礼”。

李膺，字元礼，因为家境好，从小就不缺钱花，自然也不缺书读。他品性正直，就算是后来当了官，也丝毫不改本色。因为他太正直廉洁了，以至于他所过之处，很多官员就像遇到范滂那样，脚底抹油，还边跑边说：“当贪官也是不容易的，上边要查，下边要检举，再碰上李膺这样的，不跑就等着砍头吧。”

当然，要想做天下人的楷模，光查处几个贪官是远远不够的。我们都知道，东汉中后期，国家深受外戚和宦官的祸害，而李膺对这些人也是深恶痛绝，恨不得亲自手刃几个，给天下人出出气。

李膺的机会来得很快。桓帝在位期间，宦官张让无法无天，他的弟弟张朔也不把人放在眼里。张朔仗着哥哥有权有钱，就要了个官做。本来他在当老百姓的时候，就是个为非作歹的家伙，

庙堂真相

有粉丝很重要

这李膺可是个教父级的人物，他可不是一般的有才望，而是文武双全。当时鲜卑族屡犯边塞，朝廷任用李膺为乌桓校尉，大破鲜卑。公元 156 年，鲜卑侵扰云中，朝廷再次起用李膺。李膺一到边境，鲜卑望风臣服。李膺后来被免官，居家教学，学生达数千人，为世人所仰慕。名士前来拜访，以为李膺执鞭或被李膺接待过为荣，称之为“登龙门”。可见粉丝多就是好啊！

现在当了官，更是无恶不作。他当官当久了，觉得无聊，便说：“天天行贿受贿啥的，也太不刺激了。依我看，还是闲着没事的时候，杀几个人玩玩儿比较有意思。”从这以后，张朔经常从四处找来孕妇，把她们杀了取乐。

李膺知道后，决定派人把他捉来问罪。张朔倒是个消息灵通的人，听到李膺要抓自己，慌慌张张地说：“这下完了，李膺这煞神可是不好惹的，好多官员都着过他的道。咱现在势单力薄的，还是找大哥帮忙稳妥些。”说完，他就一溜烟似的跑去找张让了。

张让见他魂不守舍的模样就说：“有啥好怕的！不过就是个李膺，现在皇帝都要听我的话，他李膺算什么啊！”张朔听大哥这么说，才稍微定下心来，但为了安全起见，还是躲在张让家里，钻进了一个可以活动的柱子里。

李膺很快赶到，二话不说就让人踹开了张家的大门，说要捉拿朝廷要犯。张让在一旁气得跳脚，怒骂：“皇帝看见咱，都要敬我三分，你不过是个给皇上打工的，也敢在我家里放肆！”

李膺不搭腔，只让手下们四处搜查。没多久，躲在柱子里的张朔就被人揪出来，带回了官府。张让看事情搞大了，连忙找人

名臣风骨

舆论战场

东汉末年，在朝的耿直的官僚、在野的名士和京师的太学生联合在一起，实行孔子的“见善如不及，见不善如探汤”的格言，对他们认为善的人，就互相推荐标榜；对他们认为恶的人，一概深恶痛绝。他们不怕风险，不怕豪强，不怕高官，常联名请愿，干预朝政，形成了一股无人不怕的“清议”潮流。

去说情。李膺大手一挥，就让那些人从哪儿来回哪儿去。接着，他开始审讯张朔，在证据确凿后，二话不说，将人给砍了。

张让怒火冲天，便匆匆进了宫，见到桓帝后，开始一把鼻涕一把泪地哭诉："李膺这家伙太残忍了，咱弟弟好好的一个人，他说杀就杀。皇上，他明明知道我是您跟前的大红人，却还这样对我弟弟，根本就是没把您放在眼里啊。"

桓帝一听，也来了火气，就让人把李膺叫进宫，责问他："你杀张朔这么大的事，怎么不先打个报告，问问我的意见再动手？"

李膺面无惧色，从容地回答："张朔不仅贪污受贿，还以杀人取乐。这样的暴徒，皇上难道认为不该杀吗？我本以为皇上找我来，是要问我为什么拖到现在才问他的罪，没想到竟然是因为我及时把他处决了，才找我谈话。如果皇上觉得我做得不对的话，要杀要剐都悉听尊便，反正我现在已经除掉了这个祸国殃民的奸贼，就是死也无憾了。"

桓帝本来就理亏，现在见他一副正义凛然的模样，顿时哑口无言，半晌才憋出一句话："李大人说得有理，这张朔……他的确该杀啊。"张让见桓帝被李膺辩得说不出话，也只好垂头丧气

野史秘闻

大儒郑玄

郑玄是东汉末年著名大儒，曾拜马融为师，学习算学，三年都见不到老师一面。但郑玄学得比所有人都好，马融自己都算不对的事情，郑玄都能很快算出来。马融不由暗生杀机。等到郑玄学成后回家，马融准备在路上杀掉郑玄。郑玄发觉了，坐在桥下，将穿着木屐的脚放在水面上。马融追上后一看，说："郑玄在土（桥为土）下水上，而依靠着木，定然命不久矣。"于是不杀郑玄，转身离去。郑玄方才免于一死。

地退出去，不敢再纠缠了。

这事之后，宦官们都见识了李膺的雷厉风行。从此，他们只要见到李膺，就不敢挺起腰杆走路，说话也是把分贝调低好几度，就连休息日也不敢出宫游玩。桓帝很奇怪，就问怎么回事，宦官们就边抹眼泪边回答：“洛阳城里的李大人太厉害了，咱们不过是在宫里打杂的，实在是惹不起他啊！”李膺的惩治行动，不仅使朝中的官员都为之一振，就连太学生们都深受鼓舞。

向历史借智慧

做有担当的人

任何时代都需要有胆识、有担当的人，不畏强暴，追求公正，永远都是我们要铭记的好品德。当国家衰败、政治黑暗、歪风邪气横行时，普通人只想着保全性命，只有少数有担当的人，才敢于反抗，力图澄清乾坤，李膺无疑是其中的佼佼者。

党锢之祸

公元166年，有个叫张成的江湖术士在社会上宣传："咱有未卜先知的能力，几天以后，皇帝肯定要大赦天下。"

大家都很奇怪，这张成难道是皇上肚子里的蛔虫，咋就这么肯定呢？其实，张成根本就不是什么先知，而是他一直以来，跟宦官张让的关系很好，对方给他面子，才把桓帝的这个决定告诉了他。

张成在社会上鼓吹自己的本事时，又对儿子说："儿啊，皇上马上就要大赦天下了，你要有啥仇人，就趁这几天把他给杀了，到时候顶多就是去监狱里吃几天牢饭，就能放出来了。"事实证明，他儿子很听老爸的话，还真跑去把仇人给杀了。

好巧不巧，受理这件案子的正是李膺。他可不管桓帝有没有大赦天下，一门心思地认准了，杀人就得偿命！再说了，这张成指不定跟张让有啥猫腻呢，自己怎么能轻易放过呢？于是，吹嘘自己能未卜先知的张成，成功忽悠了自己的儿子，还亲眼看着他

社会风情

知识分子小团体

第一次"党锢之祸"发生之后，李膺等虽然被罢官并终身禁官，但天下士大夫都一致推崇他们的操守而抨击朝廷，还给他们取了许多赞美的称号：称窦武、刘淑、陈蕃为"三君"，即指三人是一代之典范；称李膺、荀翌、杜密等人为"八俊"，即指八人为人之英杰；称郭泰、范滂、尹勋等人为"八顾"，即指八人能以自己的德行引导别人；称张俭、翟超等人为"八及"，即指八人能引导别人追求典范；称度尚、张邈等人为"八厨"，即指八人能施财物，救人于危困。

上了断头台。

张成心中又气又痛，就去找张让想办法，“李膺这家伙，不是一直跟你们过不去吗？他现在还杀了我儿子，你们有啥办法能害他翻不了身不？”张让的杀弟之仇还没报呢，现在见自己又多了一个盟友，报仇雪恨的兴致也上来了，就拉着同事侯览出主意。

没几天，张成的弟子就在他们的授意下，给桓帝递交了一份状纸，状告李膺等官员拉着全国的知识分子（主要是那些还在读书的太学生）诽谤朝廷、结党营私，不把中央政府放在眼里。

桓帝看信后，立刻拍案而起，怒斥：“哼，他李膺前段时间还嫌咱护张让的短呢，现在他自己也犯法了，这下看我怎么收拾他！”于是，皇帝一声令下，李膺等二百多人就被抓进牢里关了起来，这些人中有不少的太学生。

这下可便宜了宦官们，他们平时早受够了李膺的压迫，现在逮着机会，就开始千方百计地报复。他们把这二百多人的头颈、手、脚都戴上刑具，再蒙上头，挨个进行拷打。李膺等人在牢中受尽百般屈辱，直到一年多后，桓帝才渐渐消气。

当时，桓帝的岳父——大将军窦武看不过去，就联合了一帮

社会风情

不祭皋陶

皋陶是传说中尧舜时期的贤人，掌管刑法，被称为中国司法鼻祖。范滂获罪关进黄门北寺狱时，狱吏对范滂说：“凡是获罪被关押的人都要祭祀皋陶。”范滂说：“皋陶是圣贤，是古代的正直大臣，他知道我没有罪过，会向天帝诉说申辩。如果我真的有罪，祭祀他又有什么用处！”从此狱中不再祭祀皋陶。

正直的官员，三天两头地要求放人。桓帝被轰炸得快不行了，宦官们也慌张了。因为身处牢狱中的李膺在被人拷打的时候，经常把宦官的同党供认出来。这对宦官们是很不利的，试想一下，如果桓帝坚持追查的话，最后岂不是要查到宦官头上来？

于是，桓帝又发布大赦天下的命令，让李膺等人重新获得自由，只是不准他们再进入官场。然而，事情并未就此结束，因为尚且明白点是非的桓帝去世，而年仅十二岁且容易操控的灵帝上台了。宦官们很开心：有机可乘啦。

当时，窦武见灵帝太小，而宦官们又蠢蠢欲动，便跟陈蕃等一帮官员商量：“这几年来，那帮太监是越来越嚣张了。如果我们现在不先下手为强，把大权夺过来的话，将来吃亏倒霉的可就是咱们了。”陈蕃虽然忌讳外戚的实力，但在当时的情况下，对付宦官才是主要矛盾。于是，他们在合伙商议之后，就重新起用了李膺等人，誓要铲除宦官。

然而，就在众人磨刀霍霍向太监的时候，身居后宫的窦太后很不给力，跳出来提反对意见了：“我看太监挺好用的，又能当奴婢使，还能干力气活。再说了，他们再怎么折腾也就是半个男人，

社会风情

天下英雄榜

东汉后期，宦官横行霸道，跟朝廷官员对立严重。太学生们把敢于跟宦官斗争的清流人物，冠以“三君”“八俊”“八顾”“八及”“八厨”等称号。称号最高的是三君，即三个品行最好，堪为一世所宗的人；八俊，八位人之英豪；八顾，次于八俊，指能以德行引导人；还有八及、八厨，厨者，能以钱财救助人。

能干啥大事啊？你们要学会宽容嘛。”众人气得牙痒痒，只得好言好语举例子讲道理，劝太后转变观点。

可惜，还不等窦太后下定决心，宦官们就知道了这件事。这些家伙可不是吃素的，他们也聚在一起商量：“哼，你们会联合行动，咱也不是傻子，鹿死谁手还不知道呢。”

这天，经常驻守宫中的窦武回家休息，宦官们便连夜集结兵力，发动了政变。他们先是冲进后宫劫持了窦太后，骗取灵帝的信任，发布了假命令，开始追捕窦武、陈蕃等人。

窦武和陈蕃得知消息后，就慌忙带着军队和太学生，要冲进宫里夺取政权。宦官们可是一点都不怕，只拉着小皇帝登高一呼：“我有皇帝我怕谁！”

众人一看，顿时蔫了，的确，这帮太监手里有皇帝呢，试问天下有谁能大过皇帝？最终，这场策划已久的诛杀宦官的计划不仅没成功，还导致了第二次“党锢之祸”的发生。

就在宦官们开始大肆追捕党人的时候，有人劝李膺尽早逃命。李膺却坦然一笑：“我一生无愧于天地，无愧于百姓，有什么好逃的？再说如果我逃了，不知会连累多少无辜的人呢。”后来，

野史秘闻

残暴执法

汉灵帝时期的酷吏阳球靠巴结宦官王甫做上了执法官，后来王甫在政治斗争中失利落到阳球手里，阳球对其严刑拷打。王甫斥骂阳球：“你以前侍奉我就像奴才侍奉主子一样，今天居然奴才反主子。”阳球暴跳如雷，用土塞住王甫的嘴，活活将王甫打死。

他和许多党人一样，被害死在狱中，而陈蕃和窦武也没能在这场政变中逃脱。

“党锢之祸”中，受到牵连和祸害的人成百上千，这之后，东汉王朝的末日也越来越近了。

向历史借智慧

当断不断，反受其害

在这场官员群体和宦官群体的生死斗争中，处于关键位置的领导窦太后迟疑了，结果被宦官群体先下手为强，而且直接劫持人质，不按常理出招，导致官员群体大败。这就是当断不断，反受其害的典型例子呀。

“十常侍”

三十六岁的汉桓帝去世时并没有留下子嗣，窦皇后和她的老爸窦武实在没辙了，只好从全国各地的刘家子嗣中挑继承人。就这样，年仅十二岁的刘宏成功上位，史称汉灵帝。

其实，灵帝虽然是桓帝的侄儿，但他的老爸说白了，也就是个小地主。小门小户的出身，何曾想过家里会出来一个皇帝呢？因此灵帝在进宫的时候，基本还属于问啥啥不会的阶段。等同于一张白纸的他是很好哄骗的，尤其周围全是一帮满肚子坏水的宦官时。

起初，他因为刚进宫，很不习惯，常常想家想老妈。宦官张让和赵忠见了，便经常凑上来，带他吃好吃的，给他玩好玩的。没几天，灵帝就把宦官当自己人看待了，并且还对外宣称：“张让就是我老爸，赵忠就是我老妈。”官员们听了唉声叹气，而张让等人却是眉开眼笑。

本来就懵懂无知的灵帝自从认了“老爸老妈”，皇帝手中的

庙堂真相

张让

“十常侍”以张让为首。张让，颍州（今河南禹州）人，是从杂役太监慢慢爬上太监首领中常侍的位子的。他怂恿灵帝设立“四园卖官所”，公开卖官敛财；又在汉宫西苑设“裸游馆”，专供灵帝淫乐。他僭越朝制，把自家庄园建得比皇宫还高，又怕灵帝发现，就拿“天子不可登高，登高必遭大祸”来蒙骗灵帝，灵帝对张老爷子的话自然一百个相信。

大权也不想要了，并表示：“不就是国家大权吗，你们拿去玩儿吧，咱可不稀罕。”于是，张让、赵忠联合了夏恽、郭胜、孙璋、毕岚、栗嵩、段珪、高望、张恭、韩悝、宋典等宦官，共同担任常侍，史称“十常侍”。这常侍权力可大着呢，全国上下除了皇帝，最大的就要数他们了。

常侍也不是好当的，这不，他们先是铲除了外戚窦氏，教训了全国的知识分子，巩固了手中的大权。接下来，他们又开始千方百计地给灵帝想吃喝玩乐的招，只为了让他无心政事。十常侍在这方面很有天分，愣是把灵帝调教成了吃喝玩乐无一不精的昏君。

灵帝天生就很爱财，就算当了皇帝，也整日寻思敛财之术。那时候，地方政府和邻国每年都要向大汉进贡。这可把灵帝乐坏了，他看见千里迢迢送来的金银珠宝和珍奇古玩后，眼都直了。为了满足私欲，他就总是在贡品送进国库前，先私藏一部分，还对外宣称：“朕是皇上，贡品从我这儿过手，难道不该收点中介费吗？”

有人看不下去了，“皇上，您就别收中介费了，这普天下有哪样东西不是您的？您就别小家子气了，说出去丢人。”灵帝很

庙堂真相

助军修宫钱

“十常侍”大肆买卖官职，郡太守之价达到二三千万，其余多少不等，美其名曰“助军修宫钱”。后来黄巾起义爆发，天下大乱，大臣们上书要求严惩“十常侍”，汉灵帝怒问：十常侍难道竟无一个好人？诏令张让等人照常办公。

生气，便跑去告诉张让老爸。

张让连忙表示："皇上您尽管放心，我一定帮您狠狠地教训这些人。您尽管放心，咱永远都跟您一条阵线。"于是，张让去教训人，而灵帝依然如故。

"十常侍"不仅对灵帝的种种无理要求百依百顺，还让手下的宦官们帮着出主意，逗他开心。一次，宦官们为了讨灵帝的欢心，还专门找来一只狗，给它戴上官帽，穿上量身定做的官服，套上专门给官员佩戴的饰物，牵着它去朝堂。

当时，灵帝正坐在宝座上，百无聊赖地看官员们开会。突然看见这只慢吞吞走进来的狗，便不由得哈哈大笑，嚷道："哈哈，这真是一狗官！"话刚说完，满朝的官员都低下头，心中五味陈杂。

后来，灵帝为了敛财，还把官位拿出来卖。他给每个官位都定了价格，表示"明码标价，童叟无欺"。无论是官员，还是老百姓，但凡有想升迁或是做官的，都可以花钱来买。不过，官位这东西毕竟是有限资源，时间长了，灵帝就发现单单卖官还不够，最有效的办法还是拍卖，谁出价高谁就做大官。

当时，有个叫崔烈的名士花了五百万钱买官做。灵帝后来就

野史秘闻

宦官凶狠

"五侯"之一徐璜的侄子徐宣，为下邳令，依仗徐璜的势力，为非作歹，非常残暴。有一次，他求娶前汝南太守李嵩的女儿，未被应允，便率领人马跑到李嵩家强抢其女，凌辱后又将其杀死。

跟常侍们说："我这次真是亏了，他这官位应该值一千万的，咱整整少赚了一半啊。"

常侍们就劝慰他说："皇上您想，人家好歹是个知识分子呢，现在就连他也买官做，广告效应一出来，今后您还怕赚不着大钱吗？依咱看，皇上您这手放长线钓大鱼，真是高明啊。"一句话，就把灵帝夸得眉开眼笑。

"十常侍"手握大权，不仅他们自己过上了好日子，就连自家的兄弟姐妹、邻里街坊也跟着沾光。这些人在社会上横行霸道，买卖田地，购置房产，为非作歹的事简直罄竹难书。然而，官员们谁都惹不起朝堂上的那几个宦官，所以人人都敢怒不敢言，任由他们恣意妄为。

灵帝在位期间，"十常侍"一直把持着国家大权，使得东汉日益衰败，民不聊生，最终导致了农民起义的爆发。

向历史借智慧

近墨者黑

孟子小的时候，和母亲住在墓地附近，他就跟着别人学习怎么跪拜、哭号，母亲看不下去了，就带着他搬家。这一次，他们住在菜市场附近。孟母买菜是方便了，可惜儿子天天跟一帮屠夫混，嚷着要学习杀猪宰羊。孟母又毅然决然地搬家，来到了学校附近。从这以后，孟子天天都能看见一帮知识分子和官员来来往往的情景，便决定读书。孟母这才安下心来，开始在这里长住。再看看汉灵帝，他从小跟着一帮太监混，最后不就荣登历史上的昏君排行榜了吗？

黄巾大起事

汉灵帝时期，朝廷被宦官搅得乌烟瘴气，而百姓们的日子也越来越难熬。当时在社会上颇具影响力的“大贤良师”张角跳了出来，向政府表达了不满，号召老百姓跟着自己一块儿起义。

说起张角，就不得不提他所创的太平道。如果他年轻的时候没碰上一个叫于吉的人，恐怕这辈子，多半是个面朝黄土背朝天的河北农民。当时，于吉见他人不错，就把自己写的《太平清领书》送给他，并说：“好好读，将来有出息了，可别忘了我。”当时的于吉肯定没想到，他不过是出于搞推销送出去的一本书，后来却搞得整个东汉王朝不得安宁。

张角是个聪明人，读完书后，就发挥了举一反三的天分，愣是自创了“太平道”。他跟自己的两个弟弟说：“你老哥我太想过一把当偶像的瘾了，现在准备把它推销出去，没准还能找到一大群粉丝呢。”两个弟弟很听他的话，跟着他出发，前往当时受灾的冀州一带。

社会风情

太平道

太平道以黄天为至上神，又信奉黄帝和老子，认为黄帝时的天下是太平世界，是人类最美好的时期。黄巾起义虽然失败了，但太平道的影响却十分深远。它是道教的雏形，其相似教派五斗米教在两晋时得到不少文人士大夫的信奉。唐宋时期的“明教”更尊张角为其教主；清代中期川陕白莲教起义宣扬“黄天将死，苍天当生，大劫在迩，人民有难”的谶语，也是受了太平道的影响。

三人一到那儿，张角就使出浑身解数，给当地的灾民看病，还给他们服用自己特制的符水。事实证明，这家伙还是有些本事的。灾民们服用了张角给的符水后，很多都痊愈了。张角便趁机推销太平道，又是发传单，又是搞宣传，并表示："咱是受命于天的'大贤良师'，你们要是跟着我混的话，包你百病痊愈；如果不诚心的话，你的病肯定好不了。"那时候的老百姓没几个读过书，对他的话都深信不疑，时间长了，还帮着他搞宣传。

群众的力量是巨大的，张角和他的太平道渐渐红遍了大江南北，张角也成了社会上举足轻重的人物。在十多年的时间里，支持他的粉丝达到数十万人。不可否认，他的偶像路线成功了。

众星捧月的感觉让张角很受用，他又开始寻思："咱也不能当一辈子偶像不是？趁现在还有人气，不如另谋出路，干出一番大事业来。"于是，他拉着自己的弟弟商量，准备开始实施他人生的第二次宏图大计。

这一次，张角瞅准国家内忧外患的时局，便说："现在朝廷已经很不给力了，老百姓也不待见他们。相反，咱们的事业这时候正在蒸蒸日上，要我说，咱们趁热打铁，把朝廷推翻得了。"

社会风情

买来的官儿有铜臭味

崔烈花五百万钱，买了个司徒（三公之一），位极人臣，很想知道朝野舆论怎么看自己。他问儿子："如今我做了三公，别人都是怎么评价我的？"儿子说："从前你名声很好，大家觉得有一天你当上三公也是应该的。但现在你当上三公，天下人都很失望。"崔烈问为什么，儿子回答："因为大家都嫌弃你身上的铜臭味。"汉时用铜钱，"铜臭"一词就是从这里来的。

弟弟们本来就对大哥佩服得五体投地，都觉得只要跟着他混，没有什么是不可能的。于是，他们都举双手赞成，并表示自己也想捞个名头。于是，就在汉灵帝中平初年（公元184年，甲子年），张角登高一呼，号召数十万粉丝起来反抗朝廷，并喊出了响亮的口号："苍天已死，黄天当立，岁在甲子，天下大吉。"这其实就是在说现在的政府已经不行了，而只有张角我才是众望所归，为了响应群众的呼声，我准备就在今年行动，起来反抗朝廷。

的确，朝廷这些年可没少压榨老百姓，大家的日子都不好过，对这些当官的人人憋着一肚子怨气。现在好了，偶像愿意出来当领头人，带领大家搞对抗，那还有谁不愿意的？张角的号召得到响应后，便自称"天公将军"，让弟弟张宝当"地公将军"，张梁当"人公将军"，率领着一帮民众，头上包上黄头巾，拉开了起义的大幕。

刚开始的时候，起义军势如破竹，走到哪儿打到哪儿。好些官员吓得连家当都不要，只知道抱头鼠窜。没见过世面的灵帝吓了一跳，他慌慌张张地要求官员和将军们坚守阵地，修理兵器，又在洛阳周围增加了大量军队。

野史秘闻

昏庸灵帝的恐高症

宦官张让等人的宅第，富丽堂皇，如同宫殿。汉灵帝常登永安宫的瞭望台，宦官怕他望见自己的宅第，便派一人劝告灵帝："天子不当登高，登高则百姓虚散。"从此，灵帝不敢再登台榭。

为了最大限度地挽回民意，在派兵镇压黄巾军的同时，灵帝发表声明，正式结束“党锢之祸”，赦免了很多在押的党人。其实，太平道在民间搞了十多年的宣传，支持者有数十万之多，无论是哪个官员，都会给予一定重视的。况且，大汉的军队实力很强，尤其是遇到这样一群刚刚集结起来、没有经过正规训练的百姓军，胜利对他们来说，简直唾手可得。

最终，来势迅猛的黄巾军仅仅在几个月后，就显现了颓势。当时朝廷方面有个将军叫皇甫嵩，这人足智多谋，他认为硬攻不行，就玩火攻，屡屡打得黄巾军溃逃。而在社会上风光了十几年的“大贤良师”张角，也在起义爆发的这一年骤然病逝，黄巾军彻底成了一盘散沙。

尽管后来黄巾军的残余势力在各地仍有反抗，但几年之后，这支起义军便遭遇了彻底的失败，不过东汉王朝因为这次打击，离末日也已近在咫尺。

向历史借智慧

遇事要沉着

张角为了他的太平道，做了十多年的宣传工作，可以说是深入人心。然而，他却在发动起义前，匆匆起兵，领着一帮没有实战经验的老百姓妄图推翻政府统治。这样看来，这家伙的作风沉着不足，急进有余。也正因为如此，才导致黄巾军一路惨败，而张角十多年的心血也付诸东流。可见，越是大事当前，越需要沉着冷静，给自己和对方作一个正确的评估，这样才能在接下来的对决中胜出。

董卓进京

公元189年，混吃混喝了一辈子的汉灵帝总算告别了人世，他的儿子刘辩继承皇位，史称汉少帝。

少帝当时只有十四岁，他刚刚坐上皇位，舅舅何进就着急了："咱好容易当上皇亲国戚，怎么着不得把大权握在手里玩几天？"

就在这时，他的下属袁绍也让人劝他："十常侍都掌握大权十多年了，您现在虽然是皇帝的舅舅，但如果不跟他们一较高下的话，这些家伙就是等你死了，也不会主动交权的。"何进听后，觉得很有道理。可惜，想是这样想，但他只要思及当年陈蕃和窦武那血淋淋的例子，就不由得冷汗直冒。

袁绍是个聪明人，他见何进犹豫不决，便说："您要是担心自己搞不定的话，可以多找些人手嘛。不说别的，当年黄巾军作乱的时候，很多将军的表现都不错，要不您考虑一下？"

何进当时就觉得这个法子可行，他思前想后，就决定召董卓进京，帮忙夺权。这主意刚出口，除了何进自己，人人都提反对

庙堂真相

州刺史

汉武帝时，划全国为十三州，派刺史巡查。刺，刺探；史，事；刺史，刚开始就是中央派出的监察官，地位很低。但后来，轮流巡查变成固定监察，固定监察变成地方的一级机构。从此，秦汉的地方郡县二级制变成州郡县三级制。东汉末，州刺史全面管理地方军政财狱，权力很大。很多州刺史拥兵自重，成为一方诸侯。由派出机关变为地方机构，这是中国历史行政制度的演变规律之一。唐的道，宋的路，元的行省，清的总督，都是如此。

意见。为什么？实在是董卓的名声太差，他要进京，不就等于引狼入室吗？

董卓出生在甘肃的地方豪强家里，高人一等的出身，再加上受到西北少数民族的影响，他的性格也变得剽悍凶狠起来。董卓生来就很勇猛，还常年练习武艺，打架出了名的，在当地，那可是一霸呀。

何进恐怕就是看中了董卓这点，才决定召他进京的。本来，何进手下不缺兵，缺的不过是安全感，而当时最能给他安全感的，舍董卓其谁？董卓收到邀请函后，便高高兴兴地带着几千士兵进京了。恐怕除了何进外，谁都能看出来，这家伙根本不是专门来帮忙的，而是进京捞好处的。

出人意料的是，董卓还没到洛阳，就听说何进被张让等人杀害的消息。原来，因为何进迟迟不敢动手，泄露了消息。张让等人是出了名的果断派，当时就假传太后的命令，把何进叫进宫，趁其不备，将人一刀了断了。

接着，张让又带着一帮手下，劫持了灵帝的儿子——少帝刘辩和弟弟刘协出宫。袁绍见上司没命，皇上被劫持，索性一咬牙，

社会趣闻

要命的儿歌

东汉末年，军阀董卓在长安城中专横跋扈，市井里流传着“千里草，何青青，十日卜，不得生”的童谣，把这几个字组合到一起就是董卓不得生，不久，董卓被吕布诛杀。

便率兵冲进宫，抱着必死的决心，把宫中的宦官都给杀了。

董卓这下着急了，“咱大老远跑来，可不是等着吃残羹剩菜的，好歹也要给俺留一桌满汉全席不是？”于是，他加紧脚步，就要带兵飞速冲进洛阳城。

却说另一头，张让虽然劫持了少帝和刘协出宫，但半道上遇到官员前来营救，张让势单力薄，只好投河自尽了。官员们见为祸多年的张让终于遭到报应，都欢呼起来。不过，众人乐极生悲，他们在带着少帝和刘协回宫的途中，遇到了正往洛阳赶的董卓。

董卓顿时眼睛都笑得眯起来了，赶紧上前，询问皇上的情况。可惜，少帝平时见惯了慈眉善目且不长胡子的宦官，一下看到董卓满脸胡子的凶狠样，吓得哆哆嗦嗦，半天都开不了腔。

董卓生来强悍，从来都看不起弱者，现在见少帝唯唯诺诺的样子，笑脸也不摆了，只是沉着一张脸等答案。旁边的刘协见了，连忙上前诉说他们兄弟的遭遇，他说话字正腔圆，有条有理，董卓听得摇头晃脑。末了，他便打探起刘协的来历。刘协便说：“我是皇上的弟弟刘协，从小就没有老妈，是董太后将我抚养长大的。”

董卓一听，来了兴致，“嘿嘿，宫里居然还有姓董的太后，

野史秘闻

董卓的聘礼

汉人娶个老婆要花多少钱？皇帝娶皇后的聘金最多，一般为 2 万斤黄金。大官员董卓娶妻，所有财礼折合为 1.6 万斤黄金。中级官员东方朔娶妻，聘金在 10 斤黄金左右。一般百姓娶个老婆的聘金大概在一斤黄金左右。

咱们说不定是一家人呢。”众人在旁边听得心惊肉跳，暗自寻思，这家伙跟太后拉关系，到底是啥意思？

答案很快揭晓。董卓刚一进京，就跟手下说：“那些太监、外戚为了皇权你争我夺，咱现在既然进了首都，不抢在手上玩几天，岂不白跑一趟？”

他见自己只带了几千士兵，明显人手不够，就让部分军队在晚上偷偷溜出城，等到第二天早上，又敲锣打鼓地回来。官员和百姓们见了，还以为是董卓的后续部队也赶到了。

接着，他又找到猛人吕布说：“这年头你再有本事都是枉然，只有当了大官，才会有人敬重你，拿你当回事。现在我准备要做番大事，你如果有兴趣的话，就帮我把管理京城治安的将军——丁原给杀了，到时候少不了你的好处。”

吕布心动了，便趁丁原毫无防备的时候，将其斩杀，并且吞并了他手下的兵力，投在董卓门下。全朝廷的人都蒙了，他们见董卓的实力突飞猛涨，一个个都吓得不敢多说话，只好顺着对方说：“您老来趟首都不容易，您想干啥就干啥，咱们绝不干涉。”

董卓高兴得哈哈大笑，还真放开手脚开始对朝廷上下大肆整

野史秘闻

董卓原来竟是“富二代”

董卓其实也是个“富二代”，从小就养尊处优，骄纵跋扈，野蛮凶狠。他也算是个“文武双全”的人，不过，文采不精，武艺倒学得不错，骑在马上能左右开弓，当地人见到他都是绕着走的。他没事还喜欢到羌人住的地方转着玩，仗着自己雄厚的背景和大把的钞票，他顺利地笼络了一批羌人亲信，更广结天下无赖之徒，说他们是“犯罪团伙”都是夸奖。

顿。首先，他瞅着坐在皇位上的少帝说："我看你年纪小小的，没啥本事，是个话都说不清楚的娃，还想当我的老大？还不如让给你弟弟刘协做，他的实力可比你强。"

少帝吓得晕过去好几回，哭哭啼啼地从皇位上下来，让刘协上位，史称汉献帝。有忠于汉室的官员很不服，就跳出来骂"乱臣贼子"什么的，骂着骂着就动上了手，随便抓了点什么就朝董卓扔过去。

董卓的身手可比小布什好多了，他轻轻松松地一躲，就嚷道："你这是要搞赤裸裸的恐怖袭击啊，来人，快把这家伙给我拖出去砍了！"顷刻之间，那官员就人头落地，在场的众人看得心惊胆战。

董卓把献帝当作傀儡，在朝中横行霸道、颐指气使。他见官员们不能拿他怎样，更加嚣张起来。当时，为了提振军队士气，他还专门下令："首都这里可比我们大西北繁华多了，弟兄们既然来到天子脚下，就尽管放开胆子，想拿啥就拿啥，别客气。"这话一出口，军营里沸腾了，士兵们冲出营帐，在大街上横冲直撞，犹如狂风过境般对百姓们施行烧杀掳掠。董卓私下里更默许自己

社会风情

东汉贪腐令人震惊

侯览在家乡，前后侵夺民宅381所，田118顷。兴建宅第16处，都是高楼池苑，堂阁相望，饰以绮画丹漆，形制犹如宫苑。又预作寿冢（未死而自为冢），有石椁、双阙，高百尺，侵损百姓住屋，掘民坟墓，夺人妻女。

的手下和亲信滥用刑罚，京城里人人自危，哪里还有昔日安定繁荣的景象？

公元191年，董卓强行要求朝廷给他加封，一时间，风头无两，就连诸侯王们见了他，都要行礼参拜。天下人都知道，粗人董卓从进入洛阳城的这一刻起，事业巅峰已然展开。

向历史借智慧

切勿病急乱投医

何进太着急把政权拿到自己手中了，结果导致董卓进京，东汉王朝的局势大逆转，最终形成诸侯割据，三国鼎立，以致四百多年的大汉王朝就此覆灭。可见，情况越紧急，越要静下心来思考出路，而不是不问青红皂白，四处求人。须知，病急的时候虽然需要治病，但是如果乱找医生，导致病情加重，那么一切后果都得自己承担。

曹操刺董卓

董卓在洛阳城里逍遥，一帮忠于汉室的官员却哀苦不已。一天，官员王允办生日宴，邀请众人参加。大家在喝酒聊天的时候，谈到这件事，都一把鼻涕一把泪地大哭起来。

就在这时，席上却有个人哈哈大笑起来，说："你们这些老匹夫，天天只知道哭，难道你们喊破了嗓子、哭瞎了眼睛，他董卓就会死了？"众人抹干眼泪，定睛一看，才发现说话的是曹操。

他们都不屑地轻哼一声，暗说："这家伙的爷爷不过就是个太监，哪儿能跟咱们官宦家庭相比！也就是现在这世道不好，要不给咱提鞋都不配！"的确，曹操的出身很拿不上台面，但他从小就能力卓著，得到了不少赞誉。

有人就曾夸他："现在天下动乱不堪，能够安天下的，舍你其谁？"而有那会看人面相的人更是毫不讳言："你今后肯定是扫平乱臣贼子、平定天下的不世英雄。"然而，就是这样一个获得很高评价的曹操，在董卓进京后，率先投到对方门下，当起了

庙堂真相

牛人曹操出场

曹操的父亲是宦官的养子，出身不算好，地位不算高，但曹操能力强，凭自己在汉末乱世中崛起。他先是在镇压黄巾起义中崭露头角，后来刺杀董卓不成，跑回老家号召天下英雄讨伐董卓，讨伐也失败了，但曹操没灰心，继续等待时机，终于组成了一支精锐的青州兵，靠这支军队起家，成就了自己的事业。可见，出身差不可怕，有挫折有失败也不可怕，只要努力，就可能成功。

最为人所不齿的狗奴才。

现在王允听到对方这样说，就问："国家养你这么大，你不知道报答就算了，怎么还敢嘲笑我们？"

曹操收起笑容，回答："我笑你们没本事，除了哭啥都不会。要是换了我的话，我就亲手砍下董卓的脑袋，哪怕赔上自己这条命，也没啥可后悔的了。"

王允半信半疑，问："那你准备怎么杀？"

曹操正色道："咱这段时间，天天鞍前马后地伺候董卓，得到了他的信任，可以随身携带武器进出他的住处。我准备就在这几天，带着我那削铁如泥的七星宝刀，前去他府上行刺。"

王允欣慰地笑起来，"我们都误会你了，原来你才是大大的忠臣啊，大汉的未来可就托付在你手上了啊。"

本来众人都以为他是随便说说，逞英雄来着。结果第二天，他果真带着宝刀，特意起了个晚，慢吞吞地来见董卓。董卓一见他，就问："平时你来见我都挺早的，怎么今天这么晚？"

曹操恭恭敬敬地回答："不是我想晚，而是咱这马太次了，脚力不行，就是想快也快不起来啊。"董卓很大方，当即就说要

名臣风骨

猛将吕布

吕布虽骁勇善战，但势利多变，为人无谋，听信妇人之言。所以，除了他凭勇武被人称为"三国第一猛将"外，其他方面并不为人所喜欢。吕布先是在丁原手下效力，后杀丁原投靠董卓，后又联合王允杀董卓，兵败出京后，先投靠袁术，被拒后改投袁绍。在袁绍处，又多行暴横，被袁绍赶走。之后吕布投靠了张杨，在徐州被曹操擒杀。

送他宝马，还让吕布帮着挑一匹。曹操暗地里很高兴，没想到今天不仅能杀敌立功，敌人还连逃跑工具都给自己准备好了。

等到屋里只剩下他们两人时，董卓跟他说了一会儿话，便侧躺在床上休息。曹操见他面朝里卧，便暗说一声：“机会来了。”于是，他缓缓靠上前，无声地抽出宝刀，一举手，就要向董卓刺过去。

可惜的是，这一刀还没刺下去，就被董卓发现了。当时，董卓的前面有一面镜子，他刚一睁眼，就觉得眼前有刀光一闪。这家伙的警觉性蛮高的，说时迟那时快，他立刻转身，大吼一声：“曹操你在做什么？！”

刚刚还杀气腾腾的曹操见对方已经发现，知道自己就算现在动手，肯定也来不及了，毕竟门口那些士兵可不是吃闲饭的。到时恐怕还不等自己杀死董卓，那些家伙一冲进来，自己连命都要搭上了。

他是个聪明人，更懂得随机应变。就是在这样的危急时刻，便急忙转念一笑：“我能干什么？我不过是准备把这把削铁如泥的宝刀送给您啊。”说着，他手一转，就把刀双手奉上。

董卓一看，只见镶着七颗宝石的刀上，泛出森森寒光。他接

野史秘闻

龙套哥曹操的巨星风采

当曹操听说袁绍建议何进请董卓来帮忙时，就忍不住哈哈大笑道：“宦官古今都有，只要皇帝不给他们大权就可以了，要想惩治他们，砍掉他们的首恶就行了，哪有那么麻烦，我看这事悬！”巨星的光彩在什么时候都无法被掩饰，即便是在汉末的历史舞台上跑龙套，曹操也是跑得不同凡响，因为何进的确失败了。

过来，嘿嘿笑道：“果真是把好刀。”给曹操挑马的吕布也在这时走进来，董卓一个高兴，就把宝刀送给了吕布。

接着，他们又陪曹操去看马。等一见到马，曹操就千恩万谢地说：“嘿嘿，老大您府上的马就是不一样，膘肥体壮，咱一看就看出来了，要不我先试试？”

董卓被他捧得笑眯了眼，让他尽管试。曹操得到许可后，就飞身上马，举起马鞭朝马身上狠力一挥，飞奔而去。好半天，他们也没见到他回来。这时候，吕布才说：“曹操这家伙今天真是来献刀的？我怎么觉得他不安好心呢？”

董卓暗暗回想了刚才的事，叫道：“这家伙肯定想对我不轨，快，快去把他抓来再说。”

却说曹操自从骑上马后，就头也不回地一溜烟跑出了城外。等到董卓的大军出动，这家伙早就没了踪影。这次暗杀行动虽然以失败告终，但能安然从董卓眼皮底下溜走的曹操，却在此后做出了一番大事业来。

向历史借智慧

遇事要冷静

人生总是状况百出，而生活也有很多波折。既然我们都无法避免，那倒不如修身养性，改善自己处理问题时的心态。不过，能冷静处理一切突发状况可不是容易的事。即使我们一时半会儿修炼不到此种程度，但只要在一次次的失败后总结经验教训，那么成功冷静地处理问题，并非是什么难事。

第五章　刀光剑影

中国历史上一段璀璨夺目的时代即将开始。车载斗量的军阀中，曹操“挟天子以令诸侯”，很快就成为其中的老大。接着是江东的孙权，倚仗天险而独霸一方。然后是卖草鞋的刘备，在赤壁之战后傲视一方。这是三国最精彩的时候，人才辈出，精英遍地。公元220年，曹操归天，他的儿子曹丕迫不及待地废掉东汉最后一位皇帝，建曹魏政权，东汉至此灭亡。

桃园三结义

提到桃园三结义，这可算是大家耳熟能详的事了，三个主角的知名度也不是一般的高，他们分别是刘备、关羽、张飞。

刘备虽然姓刘，跟刘姓皇家也有远房亲戚关系，不过还是脱离不了贫农的身份。老爸在他小的时候就去世了，老妈带着他在卖草鞋的行业里摸爬滚打。事实证明，他并没啥经济头脑，卖了二十多年的草鞋，依然没有脱贫致富。

不过，刘备人穷志不穷，不仅读书习字这种事没落下，平时也很关心国家大事。黄巾起义爆发后，官府想要招志愿军，刚把通知贴出来，他就过去凑热闹。他边看边想："如果没有官逼民反，张角这些人怎么可能兴风作浪？唉，咱眼看着要奔三了，也不知道啥时候能混出个人样来？"

刘备正在这儿唉声叹气呢，后边突然有 个人厉声质问："现在国家有难，你身为一个大男人，不出力也就算了，还叹啥气？"

刘备循声望去，就看见一个高头大汉，长得虎背熊腰，满脸

庙堂真相

为什么刘关张不投靠起义军

刘备是织草鞋的，关羽是打抱不平的侠士，张飞家虽做买卖，但在"士农工商"体系下，也应是地位低下。但三个地位低下的人，面对社会不公，却没有想到去投靠起义军，推翻不公的社会秩序，而是去投靠官军，其中的原因想来是：一、儒家教育大家要忠君爱国，当然点背不能怪社会；二、要立下功业，就得投靠名正言顺的皇家大老板；三、起义军信奉"太平道"，有点歪门邪道，在他们看来成不了大器。

的络腮胡，一双眼睛炯炯有神，气势逼人。长成这样的家伙，就是专门找碴，恐怕也没几个人敢惹。不过，刘备平时为人处世沉稳大气，看见对方一脸鄙视的模样，也不生气，反倒坦然地笑着跟他套近乎。

那人暗说奇怪，咱平时只要板着脸，谁见了都会畏惧三分，但今天显然失效了，难道现在的自己看上去很和蔼？虽然满腹狐疑，但他还是回答："我叫张飞，冒昧地问一下，你刚才为什么叹气？"本来张飞是看不起眼前这人的，毕竟一个大男人，看个参军的通知也唉声叹气，原因多半只有一点——怕打仗。

刘备呵呵一笑，回答："我姓刘名备，跟刘氏皇族是本家。我刚刚叹气，是因为自己都是奔三的人了，却还在卖草鞋。现在国家有难，我就是想招兵买马，出一份力，也没有资金援助啊。"

张飞见他是为不能报效国家犯愁，顿时好感大增，再仔细打量了刘备一番，只觉对方虽然一副温温吞吞的模样，但眼含睿智，举止沉稳，常人难以匹敌。他当即朗声笑起来，说："咱虽然是个粗人，但家里是做生意的，不缺钱，要不咱俩合伙干得了。"

刘备很高兴，没想到出来看个告示，也能找到合伙人，难道

名臣风骨

"武圣"关云长

如今，关公是一种文化，也是一种精神。关羽去世后，在民间一直被尊称为"关公"。在官方，他是忠义的化身，忠君爱国的典型，是与"文圣"孔子齐名的"武王""武圣人"。在海外，只要是华人社区，就必有关帝庙或关帝祭祀活动。关羽还受到道家、佛家的膜拜，是横贯儒、道、佛三大中国教派的神。连描金业、烟业、香烛业、教育业、命相家等不相干的行业也推崇关羽，将他变成了武财神。

今天是黄道吉日？后来，他们两人就找了家酒馆，边喝酒边聊天。正在这时，一个红脸大汉走进来，只见他英武非常，留着长长的胡须，一进门就叫小二："快上酒，咱喝完了好去参军。"

刘张二人一听，便相视笑起来，"原来是同道中人。"于是，他们两人便凑过去，想跟人家结交。那红脸大汉大大方方地说："我是关羽，山西运城人。曾经因为看不惯当地的有钱人作恶，就把人杀了，四处游荡至今。现在听说朝廷想招士兵，就想去杀敌立功。"

刘备看他为人坦荡，就说："咱们既然都想杀敌立功，要不一块儿合伙，以后也有个照应不是？"张飞开心地说："我家有个桃园，不如咱们就在那儿结成异姓兄弟，共干一番大事业。"

第二天，他们来到桃园。把一堆祭品摆上桌后，又燃起几炷香，跪拜天地，共同起誓："今天我刘备、关羽、张飞有缘相识，就此结为异姓兄弟。从今以后，我等一定同心协力报效国家，平定乱世，还天下太平。如果有违此誓，必遭天打雷劈！"

这之后，关羽和张飞便跟随刘备，组织了一支队伍，南征北战，终于在蜀地站稳脚跟，跟曹魏和东吴形成三国鼎立之势。

向历史借智慧

兄弟就是力量

刘、关、张之所以为人称道，固然跟他们所创下的事业分不开，但其兄弟情义也是不可忽视的亮点，后来"三英战吕布"就很能体现这一点。吕布武艺卓绝，当时没几个人能跟他一较长短，但刘、关、张三人协同作战、形同一体，却使得吕布一败涂地。这可真是兄弟多、力量大呀，"桃园结义"的兄弟情，历来受人称颂、欣羡，很是难得。

吕布杀董卓

曹操刺杀董卓失败，洛阳城中最失落的恐怕就要数王允了。他一心忠于汉室，结果先是一帮宦官捣乱，接着董卓又当候补替上，而他只能看着国家一天天走向末路，无计可施。

这时候，他的义女貂蝉站出来了：“义父，您天天唉声叹气的也无济于事，倒不如打进敌人内部，让他们自相残杀。如果您需要我帮忙的话，尽管开口。”

貂蝉的美众所周知，倾国倾城、沉鱼落雁，总之是一个从来没整过容的天然美女。王允一看她，顿时灵机一动，拍掌笑道：“你说得对，咱就导演一场肥皂剧，让他们窝里斗。”

一天，王允请董卓的义子——吕布来家里喝酒，并说：“将军您年轻有为，我看这大汉朝廷上上下下，就您一人最有前途了。今天请您来，就是想交个朋友的。”吕布被他捧得云里雾里，喝起酒来很是畅快。

王允看他酒兴渐浓，便把貂蝉叫来，为他斟酒。什么叫一见

庙堂真相

阴谋厉害还是阳谋厉害

权臣害国，大家都知道，皇帝更有切身体会。但怎么除掉权臣，却有方式上的不同。雍正皇帝夺大将军年羹尧的权，罢免他，光明正大，属于阳谋；王允利用吕布除掉董卓，是私底下的智谋较量，属于阴谋。阳谋是属于握有实权的人干的，阴谋是弱小者干的。至于哪种办法更厉害，恐怕也只能是谁用谁知道吧。

钟情？这种时候问吕布绝对没错。貂蝉见到他直勾勾的眼神，便娇羞一笑，柔声道：“早就听说将军的大名了，今天有缘相见，真是我的福气。”

吕布被迷得晕头转向，酒也不喝了，只忙着眉目传情。王允很开心，暗地里欢呼一声，表面却还故作镇定，给他作介绍：“这是我的义女貂蝉，将军要是有意的话，我就做主把她嫁给您好了。”

吕布一听，立马傻笑起来：“王大人说笑了，呵呵……那我回去准备准备，改天来提亲。”未来的岳父大人这么善解人意，可把吕布给美坏了。之后，他就依依不舍地离开了王家，晚上高兴得连觉都没睡。

就在吕布忙着准备聘礼的时候，王允又把董卓请到家里，美其名曰“跟领导联络感情”。事实证明，喝酒不是啥好事情。董卓的酒喝到一半，大美女貂蝉又出来跑龙套了。董卓一看，沉寂多年的心怦怦直跳。

貂蝉姑娘很会看人脸色，立马奉承他：“现在世人都知道，大汉上下全靠董大人您撑着才有了今天的局面。要我说，您算是全国数一数二的成功人士了。”

名臣风骨

王允

王允出身于山西士族。王允自小意气非凡，长大后成为满腹经纶、学富五车的才子，远近的文人学士都对他刮目相看。一次，名士郭泰拜访王允的父亲，正好碰上王允父亲有事外出，王允便以主人身份招待了他。招待中，王允讲究礼节，大方自然，又与客人读文论武，条理清晰，见解深刻。郭泰大为赞叹，说他是“一日千里，王佐之才”，还主动与王允交为好朋友。

董卓听得嘿嘿直笑，王允更是借机说："我家女儿仰慕您好久了，今天老大您要给面子的话，我做主，把她送给您了。"董卓高兴得直夸王允有前途，酒杯一放，就抱着美女貂蝉回家去了。

首都是个新闻满天飞的城市，很快，董卓勾搭上美女貂蝉的事就成了最新出炉的花边新闻。吕布听说后，立刻怒气冲冲地跑来找王允，质问道："你不是答应要把貂蝉许配给我了吗？怎么现在又反悔，把她给我老爸？"

王允很无辜地说："这事不能怪我啊，是你老爸跟我说，他要帮自己的儿子把把关，先见见未来的儿媳妇，我才把人给他的。难道将军还没见到我家女儿？"

吕布这才强压下怒火："是我冲动了，不应该轻信谣言。"王允呵呵笑道："没事没事，年轻人有冲劲是好事嘛，你啊，还是快去找老爸要老婆吧。"

吕布很听岳父大人的话，当下就来到董卓家里要老婆。当他推开老爸卧室门的时候，就看到貂蝉坐在床上，衣衫不整，一副梨花带雨、我见犹怜的模样。他暗骂一声："半路认的老爸就是不地道啊，连未来的儿媳妇都不放过！"

名臣风骨

皇甫嵩

皇甫嵩是汉末救国救民的英雄人物。他为人仁爱谨慎，尽忠职守，有谋略，有胆识。平定黄巾之乱后，他请求朝廷减免冀州一年田税，赢得了老百姓的称赞。在他任职期间，上表陈辞、劝谏一共五百多次，每次都亲手书写，而且毁掉草稿，一点也不宣露于外。

貂蝉发现他进来后，眼泪扑簌簌地往下落，还一手指着自己的心，一手指着吕布，眼中传递着浓浓爱意。吕布当时就看得心都揪在一块儿了，恨不得立刻把她带回家，好好痛哭一番。可惜，中年大叔董卓还在场呢，他就是想翻天也得看人脸色。

失魂落魄的吕布在家宅了好几天，把能看的美眉全都看了个遍，结果发现，还是貂蝉最美。爱情的力量是伟大的，他又一次来到董卓家。这一次，他在凤仪亭见到了貂蝉。双方一碰面，貂蝉就忙把背了好几天的台词说出来："将军，我实在是想死你了。本来还想着能跟您比翼双飞呢，结果你义父半路杀进来，强要了我。咱现在是残花败柳，配不上你了。"说完，双眼一红，鼻子一酸，扭头就要跳湖自尽。

吕布心疼得不行，连忙拉住她抱在怀里，说自己不介意，还许诺："你等着，我一定把你风风光光娶进门。"

谁知这俩刚入戏，董卓就出现了，怒骂："吕布你小子活腻了，连你老爸的小情人都敢调戏！"说着，就拿起武器，要冲过来教训他。

可惜，吕布年轻力壮跑得快，而董卓年纪大了不说，还有将

名臣风骨

医圣张仲景

张仲景是东汉末年著名医学家，他的传世巨著《伤寒杂病论》，是中国医学史上影响最大的著作之一。张仲景医术高、医德好，曾任长沙太守，正值疫疠流行，许多贫苦百姓慕名前来求医。开始他是在处理完公务之后，在后堂或家中给人治病；后来由于前来治病者越来越多，他干脆把诊所搬到了长沙大堂，公开坐堂应诊，首创了名医坐大堂的先例。后世中医药店称"堂"，正是来源于此。

军肚，跑起来很有负担。还没等他跑到吕布跟前，对方就一溜烟地跑没了。

有人就对董卓说了："将军啊，女人没了可以再找，吕布这样的人才却只有一个，您不能因小失大啊。"

董卓一听，也对啊，反正貂蝉咱也玩过了，要不送出去，让吕布得偿所愿？他正犹豫呢，貂蝉就跪下哭道："大人，您千万别把我送人啊，我对您的心可比日月，您要是把我转送的话，我还不如死了算了。"她说到做到，立刻从一旁抽出一把剑往脖子上抹去。

董卓震惊了，立马嚷道："你放心，我绝对不送！哼，我就不信了，咱一个成功人士，会连小情人都保不住！"

冲动是魔鬼，这两父子为了貂蝉，彻底较上了劲。一天，董卓收到汉献帝的诏书，说自己身体有病，管不了国家大事，想把代理权交给他。董卓这下可高兴了，毕竟皇上都开口了，咱从此以后不就是名副其实的老大了吗？

他兴高采烈地穿上新衣服，就要进宫办交接手续。出乎他意料的是，刚一进宫，站在一旁的王允就大呼："反贼进来了，大

庙堂真相

董卓是汉朝"终结者"

董卓是改变汉末政治格局的一个关键人物。在他进京、把持朝权之前，东汉朝廷虽然已从骨子里腐败不堪，但总还能硬撑着，使门面不倒。而经过董卓之变后，国家终于分崩离析，天下成为群雄角逐的战场。皇帝也是只留了个名号，完全没有人身自由，而是成为权臣、军阀们掌中的傀儡。

家快上，把他杀了以谢天下！”

顿时，一帮侍卫手持利剑，朝他冲来。董卓当时穿着厚厚的盔甲，众人又慑于他平时的淫威，竟然没能刺进去。董卓厉喝一声：“吕布在哪儿？快来救你老爸！”

他话音刚落，吕布就跳出来说：“做梦去吧，抢了我老婆还敢让我救你！告诉你，今天这事，我也有份。”说完，他就朝董卓的咽喉刺去，血溅当场。

董卓就这样死了，旁边的人见他倒地，立刻割下他的脑袋示众。后来，众人又在他的肚脐中插上火芯，做成人油灯，凡是路过的老百姓，见到后都要上去踩他几脚。没几天，昔日风光无限的董卓，就被踩成了肉干。

向历史借智慧

因小失大

美人和江山，孰轻孰重？如果再让董卓选择一次的话，这家伙肯定会把貂蝉双手奉上。可惜，历史没有重来的机会，正如人生。虽说我们的一生总免不了有错错对对、恩恩怨怨，但在紧要的时候，还是应该问问自己，你想要的是什么？是否为了眼前的利益就值得牺牲它？因小失大虽然正常，但毁了前程可就亏大发了。

挟天子以令诸侯

自从董卓进京，已经习惯当傀儡的皇帝，活得更加没有人权了。首先是少帝被废，接下来，继任者——汉献帝刘协又被董卓劫持出洛阳城，在长安做了一段时间的皇帝。

好不容易，董卓死翘翘了，献帝才历经波折回到了洛阳老家。然而，曾经繁花似锦的首都，在几经战乱后，早就变得面目全非了。献帝很伤心，背地里哭湿了好几个枕头。

不过，他还是很懂得轻重的，对官员们说："这洛阳城毕竟是首都，朕准备下半辈子就在这儿度过了，其他地方再好，朕都坚决不去。"说是这样说，但真的临到头了，他才知道在洛阳生活有多不容易。

首先，后宫的硬件设施——桌椅板凳之类的都坏了，而且古董装饰这些东西不是丢失，就是被人砸碎了；再说吃饭问题，当时全国上下稍微有点兵权有点本事的人，都忙着打仗争地盘，还有谁顾得上给皇帝送吃的？献帝的日子太难过了，可是自己都把

庙堂真相

作秀的好处太多了

挟天子以令诸侯，其实就是曹操的一次作秀，但这次作秀，效果太好了，好处太多了。汉献帝本来成了没人要的主儿，各路军阀都不想给自己平白添一个领导，但曹操来了个逆向思维：多一个领导就是多一块招牌，多一块待开发的资源呀。于是他把领导接到自己家，好生伺候着，然后以汉献帝的名义号召诸侯，招揽人才，大搞统一战线，结果就是：我曹操的敌人就是皇帝的敌人，皇帝的敌人就是大家共同的敌人，所以曹操想打谁大家就打谁。

话说出口了，要反悔也没脸不是？

就在这时，有人给袁绍提建议了："现在皇上在首都的日子可难熬了，要不您把人接来养着，也好向天下人展示一下您对大汉的忠心，将来出门打仗都要轻松不少。"

袁绍听后，当场就踹了那人一脚，"怎么，你想把我穷死？你以为皇上是好养活的？你看看我手下的这帮人，有哪个是吃闲饭的？我养着你们，好歹能为我做点儿事、打打仗啥的，可是养着他，那就等于养着寄生虫。"袁绍的态度很坚决，从此以后，再没人敢在他面前提养皇上这事了。

可是，他不养，自然有人愿意养，这人就是曹操。当时，曹操在外面闯荡了几年，也算得上是小有成绩了。他就寻思着，以前咱好歹给汉朝廷打过几年工，上下级关系也处得不错。现在咱日子好过了，还是很应该送点东西，联络一下感情不是？

于是，他命人买了些当地的土特产和生活用品，送到洛阳城皇宫里去。献帝收到包裹后，很是感动，说："朕好久都没吃上好东西了，曹操果然善解人意，以后一定要让他多寄点儿好东西来。"

社会风情

挟天子以令诸侯

第一个提出"挟天子以令诸侯"的是"毒士"贾诩。他在董卓被杀后，对逃窜的董卓部将李傕等人建议"奉国家以征天下"，被众人采纳。于是，长安被破，王允被杀，吕布败走。第二个是196年，袁绍谋臣沮授劝他"挟天子而令诸侯"，袁绍没政治头脑，没采纳。而曹操更是早有此识，在汉献帝又迁回洛阳后，宫中食用困乏，曹操觉得机会来了。他果断地采纳了谋士毛玠的"奉天子以令不臣"的建议，想方设法把汉献帝从洛阳接到了自己的根据地许昌。

有一就有二，曹操从这以后，果真经常给洛阳寄吃的穿的。时间长了，邮局的同志不乐意了，说："你三天两头邮东西，你当我们不知道累啊？现在兵荒马乱的，咱们的日子都不好过，你要实在想送东西的话，自己跑一趟呗。"

曹操没辙，只好收拾行李，回洛阳一趟，看看皇帝。说起来，他也有很久没回过洛阳城了，这一回去，满目凋零。等他进了皇宫，发现宫里也是一片衰败的景象。他便跑到献帝跟前，又是抹眼泪，又是擦鼻涕，"皇上啊，这洛阳城没法待了，就是这皇宫要搞重新装修也不大可能。要不您跟我回许昌吧，那儿是我的根据地，要啥啥都有，郊区和市中心都有好房子，您想住哪儿，咱就住哪儿。"

曹操很真诚，再加上献帝本来就想过好日子，既然有人开口了，他何必再拒绝？于是，众人在经过一番准备后，就领着献帝到许昌去了。曹操说得不错，献帝在许昌吃好的，穿好的，没事还能下下棋，养养小宠物。

献帝的日子越过越滋润，为了感谢曹操，他就说："咱现在能吃饱睡好，曹大人功不可没啊，要不朕封你为大将军，也算礼尚往来了。"

社会风情

游侠杨阿若

汉朝盛行游侠，东汉末年，最有名的游侠要数杨阿若，又名杨丰，凉州酒泉人。董卓曾经想招揽杨阿若，但杨阿若看不上。当时民间有句歌谣，"东市相斫杨阿若，西市相斫杨阿若"，就是说杨阿若爱打抱不平，哪里打架都有他。让人惊奇的是，杨阿若男生女相，长相很美，据说他曾扮成女生混在歌舞队里跳舞，竟然引得舞女们嫉妒不已。

这一封赏，直接把曹操推到了万人之上的位置。从这之后，他开始以献帝的名义，排除异己，手揽军政大权，做起事来更加顺心顺手了。而朝廷上下的人见他成了献帝跟前的大红人，都恨得牙痒痒，其中袁绍最不服气，“接皇帝这事还是咱这边先想出来的招，哼，没想到竟被这家伙捡去用了。早知道有这些好处，咱就不计较那钱了啊。”

袁绍很后悔，看曹操越发不顺眼了。而曹操仗着自己有献帝撑腰，也渐渐跟他杠上了，双方就有了后来的官渡之战。

向历史借智慧

钱财是身外之物

袁绍因为眼前的一点小利益，而错失了可以“挟天子以令诸侯”的大好机会，而曹操高瞻远瞩，才有了后来官渡之战的胜利，进而统一北方。其实，我们无论是做人还是做事，都不能因小失大。正如袁绍，只因为吝惜眼前的一点小财，而错失了争天下的最佳筹码；反观曹操，他不计得失，方才有了后来的胜利。

官渡之战

曹操自从脱离朝廷，开始单飞以来，事业蒸蒸日上。而同样单飞的袁绍见他的势力越来越大，就开始不爽了。“这家伙以前就是一个小打工仔，哼，现在居然也混得人模狗样。我要是再继续纵容他的话，说不定哪天他就骑到我头上来了。”

领导都开口了，下边的官员赶紧跟上：“曹操这家伙太不地道了，玩单飞不说，还把皇帝也拉上船，为了将来争夺天下，您一定要尽快除掉他这个绊脚石。”

袁绍见打曹操这事有了民意基础，便开始筹备。他为了出师有名，还专门找人写了一篇讨伐对方的檄文。上面无非就是一些骂人的话，说曹操这家伙的老祖宗不过是个太监，但现在居然挟持皇帝想坐大，只要是有正义感的人，都应该站出来讨伐他。

收到檄文的曹操怒了，心想咱们以前也算是有点交情，现在不就是争点地盘吗，你咋能这么绝情？他召集了一帮手下，讨论要不要迎战。有人就说了：“老大，袁绍出道比您早多了，人家

庙堂真相

门阀大族的开始

东汉是高门大族的形成时期，袁家就是这样的大家族，祖上风光得很，所以袁绍也动不动就搬出自家“四世三公”的历史来唬人：从高祖父起，每代都有人做到三公的位置，袁安为司徒，袁敞为司空，袁汤为太尉，袁逢为司空，袁隗为太傅。“三公”到底是多大的官？简单说就是，比丞相只大不小。

手下兵多将广，您拿什么跟人比？要不，咱再等两年看看？”

几句话说得曹操犹豫了，没办法，手下人太不给力了，实在不行也只能暂时忍气吞声，重新规划发展蓝图。这时候，有个叫荀彧的官员及时站出来，力挺曹操：“这仗一定要打！虽然袁绍现在实力很强，但他这个人刚愎自用，不是成大事的人。如果我们打赢的话，不仅实力能上好几个台阶，就是地盘也能拿到不少。”

曹操见自己终于有了支持者，连忙说：“不错，这仗一定要打，还要打赢！”众人见他已经下定决心，没办法，只好开始出谋划策。

战争开始，曹操这边有人建议说：“袁绍的兵力太强了，咱们硬碰硬的话肯定输，不如先把他的队伍分散开来，也好打些。”于是，曹操命令手下人采取声东击西的战术，把袁绍骗得团团转不说，还取得了首战的胜利。

袁绍着急了，“你们不是说曹操那家伙不堪一击吗？怎么刚刚开始就打了个大胜仗？”

官员们忙给他打气说：“这才刚刚开始呢，您要淡定。咱们的实力在这儿摆着，而他不过是个初出茅庐的家伙，时间一长，他一准儿倒下！”

名臣风骨

荀彧

荀彧是荀淑的孙子，自小被称有“王佐之才”。作为曹操统一北方的首席谋臣和功臣，荀彧在战略上为曹操制定并规划了统一北方的蓝图和军事路线，多次受到曹操的赞赏。荀彧还在建计、密谋、匡弼、举人等方面多有建树，被曹操称为“吾之子房”（我的第一谋士张良）。但荀彧内心还是舍弃不了正统的东汉王朝，不然他就能成曹魏政权的开国功臣了。荀彧在曹操晚年站出来反对曹操称魏公，被曹操所忌，抑郁而终。

双方的士兵你来我往，战争就这样持续了好几个月，曹操扛不住了。当时，曹军不仅在战场上屡屡受挫，就连供应粮食的大后方也出现问题。曹操没办法，只好写信去催搞后勤的人员动作麻利点，要求他们提高办事效率。

荀彧也在一旁给老大打气："咱已经走到今天这一步，如果投降的话，这辈子都翻不了身了，但如果静待时机的话，没准还能有柳暗花明的时候。"曹操表面上强撑着，暗地里却愁眉苦脸，唉声叹气，早知道就不这么着急打仗了，现在倒好，上了贼船，想下都下不来了。

屋漏偏逢连夜雨，就在曹军的后勤快没法保障的时候，他写的催粮信又不幸被袁军截获，截获人是袁绍的手下——许攸。他拿着信去邀功："曹军没几天好日子了，您抓紧点儿时间，就能把他们一举拿下了。"

不料，袁绍却大手一摆，拒绝了，"曹操这家伙鬼点子太多了，你能保证这封催粮信是真的？再说了，你以前跟曹操的关系挺不错的，你让我怎么相信你？"

许攸怒了，既然你不相信咱，干啥还要把我拉到你门下，难

名臣风骨

陈宫慷慨赴死

陈宫在三国历史上，虽然声名不及周瑜、诸葛亮响亮，但谋略并不在二人之下。作为一个谋士，他尽到了为主公效力的职责。他对曹操的奸诈的蔑视，更是凸显出自己光明磊落的人格，既忠于一主，便鞠躬尽瘁死而后已。吕布被曹操杀死，陈宫被俘。曹操念在往日恩情上本想放他一马，哪知陈宫却慷慨赴死。陈宫死后，曹操就把他的家人接到许都照顾了起来。

不成是专门养着我，让我吃闲饭？许攸一生气，后果就严重了。本来他就是那种才干卓越的人，可惜袁绍一直不愿意重用他，现在又被怀疑。他索性把包袱一收，说：“爷不干了，另谋出路去。”

他这一走，直接走到了曹军大营。当时，曹操正躺在床上，寻思自己怎么死能够轻松痛快点儿呢，一听许攸来了，便高兴得跳起来，“哈哈哈，有了许攸，咱就不用死了。”他太高兴了，连鞋都不穿，就直接跑到帐外去迎接对方。

许攸已经很久没尝过被人重视的滋味了，现在看到好朋友为了见自己，连鞋都不穿，顿时感动得热泪盈眶，“你放心好了，我一定把我知道的袁军情况都告诉你，为你出谋划策。”

他说：“这仗都打了这么久，不只你缺粮，就连袁绍那家伙也着急运粮食的问题呢。我早就摸清了他们运粮的路线，到时候你们派一批人去把这些粮草给烧了，截断他的大后方，再来个速战速决，就不信姓袁的能撑住！”

曹操听得眉开眼笑，当下就命人行动起来。等到晚上，他亲自带了五千精兵，让士兵们把用来防止出声的器具含在口中，又把马的嘴勒住，整支队伍悄无声息地从小路前去偷袭。他们一路

野史秘闻

曹操出身让人看不起

曹操的身世很特别，他的老爸曹嵩是太监曹腾的养子。东汉的好宦官不多，曹腾绝对算一个。曹腾侍奉过四位皇帝，从汉顺帝到汉桓帝，他一直谨慎小心，从没犯过大错，因此还是有一定的名望的。但实在是因为那时候宦官的名声太坏了，所以，像曹操这样的出身自然是被那些自命清高的人士瞧不起的。

上打的是袁军的旗号，各自带着一束柴草。等到达目的地，曹操一声令下，众人便放火烧粮草，骑在马上来回冲杀，把来不及防备的袁军杀得片甲不留。

袁绍受此打击，慌了手脚，“这下不好办了，粮食都没有了，咱还打啥仗啊。”一帮手下看见老大都稳不住阵脚了，各自的心里更是没底，哪还有心思去作战呢？从这之后，曹军屡战屡胜，这场著名的官渡之战在持续了一年多后，以曹操的胜利告终。

向历史借智慧

相信人才就是相信自己

当今社会不缺人才，然而听人嚷得最多的还是："咱要人才！"人才在哪儿？其实就在身边。当你把人才招到自己旗下时，所要做的就是相信对方的忠诚和能力。如果你有所怀疑，当初又何必把人拉拢过来呢？说白了，相信对方，也是对自己的一种肯定。毕竟，只有对自己的眼光有信心的人，才真正懂得运用人才。

煮酒论英雄

年纪一大把才出道的刘备，可没曹操混得好。他一没钱财，二没人气，只好四处辗转，后来还跑到曹操门下打工。他一来，整个朝廷最开心的人就要数献帝了。

说起来，献帝这皇帝做得挺惨的，先是被董卓呼来喝去，现在又有个曹操在后边当老大，害得他一直觉得自己呼吸不到自由的空气。就在这时，刘备来投靠了。献帝经过一番详细调查后，发现对方竟然跟自己一样，都是刘家人。

这下献帝开心了，没想到在曹操的地盘上也能碰到自家人，就说："论起辈分来，刘备算是咱的皇叔了，嘿嘿，这样说来，咱在朝中还是有人的。"自认为有人撑腰的献帝就连说话也硬了几分，曹操一看，就暗叫不好。本来嘛，不过是有个姓刘的来打工，这皇帝就想挺起腰杆做人了，那要是再来上几个，他曹操不就被说成乱臣贼子了？

曹操开始不爽了，可刘备毕竟是跟自己签了合同的员工，没

庙堂真相

刘备发达前的生活

刘备为了建功立业，到处奔走，191 年，终于因对抗袁绍屡次立功而做上了平原国相。这时期，刘备外御贼寇，内抚百姓，赢得了极好的名声。一次，一个刺客前去暗杀他。刘备毫不知情，对刺客十分礼遇，刺客深受感动，不忍心下手，便袒露实情而去。当时，黄巾余党攻打北海，北海相孔融派人向刘备求救。刘备惊讶地答道："北海相孔融居然还知道世上有刘备！"立即派兵去解了孔融的围。

这么容易辞退。无奈之下，他只好继续把人留在自己身边考察。谁知这一考察，竟发现对方是个仁义稳重的人才，最重要的是，这家伙生来就像是要做大事的人，不像个打工仔！

曹操很着急，每天一闲下来，就在考虑除掉刘备的方法。不过，刘备也不是傻子，他经常能够意识到，背后的杀人目光出自曹大将军。天天都要出身冷汗的他受不了这种心惊胆战的日子了，便主动提出来："咱从今以后不打仗、不处理公文了，就想种种地。"

关羽和张飞很郁闷，"大哥，咱跟着你出来，是打天下的，你咋还想着编草鞋、种庄稼这事呢？"

刘备摇头晃脑地说："你们两个真够傻的，还不知道咱早就被曹操盯上了吧。咱们现在没实力跟他斗，难道不应该装装㞞，保全性命吗？"

于是，很被献帝看好的刘皇叔再也不管正事了，天天就在园子里种地、浇水、抓虫子。他干一行爱一行，没多久便成了朝廷中著名的农业小能手，种的菜行销朝廷内外。曹操看他胸无大志的模样，本来还万分防备的心也渐渐放松下来了。

一天，正在地里种庄稼的刘备收到曹操的邀请，说是请他一

社会风情

建安风骨

曹操"挟天子以令诸侯"后，招徕了无数文武之才。其中，就有被后人称为"建安七子"的七个大文豪——孔融、陈琳、王粲、徐干、阮瑀、应场、刘桢。这样，经过三曹父子和七子的经营，形成了一股现实主义文风——建安风骨。这些人的诗作继承了汉乐府民歌的传统，普遍采用五言形式，反映了社会的动乱和民生的疾苦，渴望一统天下的理想和壮志，风骨遒劲，慷慨悲凉，富有阳刚之气，被后人尊为典范。

块儿喝酒。刘备连忙擦擦汗，抬头看天，果然，今天不是好日子，刚刚还晴空万里的天，现在居然阴云密布了。他知道这顿酒躲不过去，只好换了身干净衣服，去见曹操。等到两人都坐下来后，就开始边喝酒边瞎侃。当时，曹操看看天，发现有一片类似龙形的云彩，就问："你知道龙这种东西不？"

刘备怎么可能不知道，不过他现在的首要任务就是装傻。于是，他万分茫然地说："我不知道，要不您解释解释？"

曹操就回答说："龙可以大可以小，可以升可以隐。大的时候能兴云吐雾，小的时候能隐匿身形；升的时候能遨游九天之外，隐的时候能藏身于波涛之内。这其实就像现实中的英雄一样，胸怀大志，能屈能伸。你觉得当今世上，谁可以称英雄？"

刘备很喜欢装谦虚，就说："咱就是个庄稼汉，怎么能知道谁是英雄呢？"

曹操一撇嘴，不满意了，"你就别装了，有啥说啥，说错了我也不怪你。"

刘备一寻思，我倒是很想夸夸自己，可是我敢吗？于是，他开始胡诌："淮南的袁术挺不错的，地盘大，物资也丰富，能做

名臣风骨

郭嘉妙计定天下

曹操与袁绍在官渡对峙，他怕刘备趁机发难，就决定先下手为强，教训一下刘备，可又怕袁绍偷袭，郭嘉就说，刘备可以打，他现在根基不稳，肯定打不过你。至于袁绍，他性格犹豫多疑，就算要偷袭也不会很迅速，这段时间差可以用来消灭刘备。于是曹操发兵，果然打败刘备，捉了关羽，而袁绍也确实在该出手时没出手。

成一番大事。”

曹操哈哈一笑，“他算什么？就是硬件设施好点而已，等我闲下来了，三两天就能把他拿下。”

刘备只好又说：“那袁绍咋样？他硬件设施好，手下人才多，出道还早，名声也响亮，我看行。”

曹操摇摇头说：“他那儿是不错，但是袁绍这人吧，做事不大气，眼光不长远，身边还有一大堆亲戚，做起事来束手束脚，成不了气候。”

刘备没辙，只好继续找人选，一一列举了刘表、孙策、刘璋等很多人，结果全被曹操否决了。最后，他只好双手一摊，叹道：“咱知道的总共就这些人了，但都被您一语否定，这下就是要说，也不知道说谁好了。”

曹操呵呵一笑，先指指刘备，又指指自己，说：“当今天下，能称英雄的，只有你跟我！”

刘备猝不及防，心中一惊，吓得手中的筷子、勺子掉落于地。正在这时，天空中突然划过一道闪电，响雷随之而至。刘备便收敛心神，故作镇定地捡起筷子，怯怯地笑道：“这打雷声可真够

名臣风骨

身在曹营心在汉

关羽经常偷着打听刘备的下落，曹操看他没有久留之意，就让张辽去探探口风，张辽于是就找了关羽谈话，关羽叹了口气说：“我知道曹公待我不薄，但我与刘备有过生死誓言。所以决定为曹公立下汗马功劳，以谢他的知遇之恩，然后就去找刘备。”曹操知道后，也不禁感叹关羽的义气。而“身在曹营心在汉”一说也由此而来。

大的，吓死我了。”

曹操轻笑一声，问道：“你一个男子汉大丈夫，怎么还怕打雷？”

刘备继续装㞞，说：“圣人都怕打雷，咱这种小人物心生恐惧也是正常的。”

两人正说着话，关羽和张飞就突然闯了进来。原来，他们担心曹操暗下毒手，特意跑来帮大哥。结果到这儿一看，发现这两人正喝酒聊天呢，关羽就说：“大哥你也太不够义气了，咋一人跑来这儿喝酒？”

曹操见状，便请他们两人坐下，喝了几杯。等到酒席散去，刘备就把刚才的事告诉他们两人，关、张二人就不由得夸赞：“这年头要说演技好，还是咱家老大排名第一。”就这样，演技堪比奥斯卡影帝的刘备，在曹操的眼皮下躲过劫难，最后自立门户，开始图谋天下。

向历史借智慧

学会韬光养晦

当你的实力不如人时，为了留得青山，最好的办法恐怕就是像刘备这样，隐忍不发、韬光养晦。在现实中，我们很多时候并不是不愿意锋芒毕露，而是当图穷匕见时，不一定就是好时机。既然这样，隐藏实力以混人耳目，倒不失为一个保全自己的好方法。

三顾茅庐

刘备眼看自己的年纪越来越大，可还是一事无成，就着急了，天天寻思着怎么开展事业，夺取天下。可惜，他以前花了太多时间编草鞋、种庄稼，学知识这方面实在没跟上，想了半天也没招。

有个叫徐庶的人见他干着急，看不过去了，就说："您想不出来无所谓，只要找一两个人才，让他们帮您规划不就行了？"

刘备一听，更是苦着一张脸说："找啥人才，现在稍微有点文化知识的，都跑去投靠曹操和孙权这些人了，哪儿还有我的份？"

徐庶连忙摆摆手说："您不要太武断了，还是有很多隐居的知识分子没有被挖掘出来嘛。我手上就有好几个，要不您考虑一下？"

刘备一听，来了精神。徐庶便说："诸葛亮就是一个，这家伙成名挺早的，人称'卧龙先生'，上知天文下知地理，德才兼备。他就是觉得当今世上没有明主，所以跑去隆中（今湖北襄阳城西南）隐居了，要不您去试试？"

庙堂真相

联孙抗曹

联孙抗曹是诸葛亮隆中对的关键，也是最终能够实现三国鼎立的关键。观其一生，诸葛亮都在努力维护这个联盟，而不是破坏它。联盟的成功源于曹操的南下，这时，诸葛亮劝刘备联合孙权，并亲自渡江面见孙权。诸葛亮见到孙权后，察觉孙权既不愿受制于曹操，又担心曹操势力太强，就用激将法刺激孙权。孙权在一激之下，与部下一合计，同意了诸葛亮的建议，与刘备联合抗曹。可见，有时候只要走对了关键一步，人生的境界可就大不相同。

刘备很相信徐庶的推销，没过多久，他便拉着关羽和张飞去诸葛亮家拜访。走到半路的时候，听见有农民在唱歌。刘备觉得歌词写得不错，就拉着农民，问对方写词的作者是谁。那人便回答说："是这附近的卧龙先生，他才华卓著，是这一带出了名的。"本来刘备还有一丝怀疑，这下越发觉得诸葛亮是个人才了。

他加快脚步，来到诸葛亮的住处，只见那里遍植翠竹，流水潺潺，鸟语花香。刘备跟两个义弟说："这地方用来隐居再好不过了，看来这诸葛亮还挺有眼光的嘛。"

等他们三人前去敲门，一个小童应声而来，刘备清清嗓子说："我是刘备，就是那个皇上亲口承认了的刘皇叔，今天来见诸葛先生，想找他去我那儿上班。"那小童很淡定地说："皇亲国戚咱可不认识，不过你要找我家主人的话，今天是没戏了。"

刘备心里咯噔一下，暗暗说："该不会是咱晚来一步，已经被人给聘走了吧？"后来再一询问，才知道像是出外旅游去了。刘备长吁一口气。

人人都有个毛病，越得不到的越想得到。现在刘备就是这状况，他自从第一次到过诸葛亮的住处后，就越发想见见这人。没几天，

野史秘闻

空城计不是诸葛亮的专利

空城计不是诸葛亮的专利，汉代飞将军李广、刘宋济南太守萧承之、北齐大臣祖珽、唐时瓜州刺史张守珪、唐朝名将郭子仪、北宋太尉马知节、元朝铁哥、朱元璋部将邓愈都玩过空城计。

他又拉着两个义弟一块儿前去。这一次，他们在去的路上没有碰见唱歌的农民，而是碰见了诸葛亮的好友。这些人个个都长得仙风道骨，很有知识分子的派头。刘备最佩服知识分子了，现在连着碰到好几个，当时就想把对方招到自己门下。

谁知他们却说："咱们已经过惯隐居的生活了，你要找还是去找卧龙吧，那家伙的学问比我们还高，有他在，咱都不敢出山了。"

刘备更兴奋了，原来这些人还比不上诸葛亮啊，看来徐庶那家伙还真是个实诚人，给自己介绍了一个真人才。然而，等他到了诸葛亮的住处后，诸葛亮依然不在，招待他的是诸葛亮的弟弟诸葛均。当时天寒地冻，还飘着鹅毛大雪，刘备的心里拔凉拔凉的。

张飞不满意了，"都是广告推销惹的祸，看咱们仨，不仅大冬天的没火锅吃，还要在这里挨冻受饿，连平时最理智的大哥也被整得五迷三道，坑人啊！"

在众人连打了数十个喷嚏后，诸葛均总算请他们进去喝了口热茶。茶一下肚，刘备的精神又回来了，暗暗握拳，"下次一定要见着真人！"

果然，皇天不负有心人，第三次前往拜访的刘备，终于等到

庙堂真相

过五关斩六将

刘备、关羽、张飞在徐州失散，关羽留在曹营，得知刘备在河北袁绍处，就护送二位皇嫂去投奔，一路上被曹操阻拦。关羽凭着自己的勇猛，连续闯过东岭、洛阳、沂水、荥阳和黄河五关，斩杀孙秀、孟坦、韩福、卞喜、王植和秦琪六员战将。这就是"过五关斩六将"的五关和六将。

了刚刚旅游回来的诸葛亮。可惜，好事多磨，对方在外面玩得太久，现在还在补觉。刘备心想，咱都等了这么久了，还在乎这点时间？于是他咬咬牙，接着等。

这一等，足足等了两个小时，刘备脚都站酸了，对方才睡醒。诸葛亮也不着急，又慢吞吞地爬起来，洗了脸，换了衣服，喝了口茶，才出来见客。

刘备一看见他，就迎上去，握着他的手，激动地说："先生啊，咱总算等到你了。本来开始还想搞个面试啥的，不过现在看到你，就啥也不用了。"

诸葛亮手一挥，说："不，咱坚决不走后门，一切按程序走。"于是，他拿出自己多年来的研究成果，给刘备分析时局，并说要想夺取天下的话，就要先取荆州（湖北、湖南一带），再夺益州（四川一带），进而完成统一的战争策略。

刘备听得热血沸腾，不停地拍巴掌，"我就知道先生是个人才，也不枉我跑这几趟。要不您现在就收拾东西，跟我出山吧。"诸葛亮看他十分诚恳，当下就答应了他的要求，收拾包袱，跟着他开创事业去了。

向历史借智慧

未出山，先成名

广告效应很重要，正如诸葛亮。刘备还没见着他的人，别人的推销却早已在无形中为他的出山做足了烘托。可见，真正的高手在推销自己的时候，不一定要亲自上阵，旁人的话语更能增加可信度。当然，如果你只是虚有其表的人，那么广告做得再好，最后也有"挂羊头，卖狗肉"的嫌疑。

赤壁之战

曹操统一北方后，就把南下征讨的议案提上了日程。现在全天下就数他最大了，所以更得趁着身体还能动的时候，努把力，把全国各地的小虾米们都给拿下。手下们眼见自己的老大虽然年纪大了，但依然雄心勃勃，没办法，只好收拾行李，跟着上路了。

不过，在远大的理想面前，现实往往是残酷的，曹操就狠狠体会了一把。首先，他听说孙权和刘备那两家居然联合起来，想给他个下马威；接着，从来没坐过船的北方士兵们自从来到南方后，天天晕船，走路都打飘。曹操看着一个个东倒西歪、把胆汁都吐出来的士兵，顿时苦着脸对天大喊："主啊，请救救他们吧！"

当然，主没有来，来的是个叫庞统的人。这家伙很有才干，据可靠消息称，他跟诸葛亮不相上下。庞统来后，经过一番调研，便建议曹操可以在作战的时候，把每条船用铁链拴起来，以保持平衡，而士兵们在上面行走也会如履平地。士兵是旱鸭子的问题就此迎刃而解，曹操开心极了，天天嚷着要请庞统喝酒吃饭。

庙堂真相

有个响当当的绰号很重要

三国时期人才很多，如果没有响亮的绰号是很难在社会上立足的。庞统的绰号是"凤雏先生"，诸葛亮的绰号是"卧龙先生"，这属单打独斗型。还有一些团体荣誉绰号，像"五虎将"，效果也不错。除此之外，还有一种直接就是广告台词，如"生子当如孙仲谋"，孙仲谋，就是东吴政权的一把手孙权。据说曹操某次出来侦察军情，看到孙权的部队军容整肃，大发感叹，说生儿子就得生个像孙权这样的啊！

曹操虽然有雄心壮志，但他也不是个鲁莽的人。他深知这次从北到南的征战不容易，曹操就跟手下们说了：“咱出来一趟不容易，如果打不了胜仗，不就亏大发了吗？所以我决定，先派一两个人去当间谍，打探一下敌人的情况。”

他的间谍刚派去不久，便传回情报，说是东吴这边，有个叫黄盖的大将跟周瑜闹翻了，准备来投降。原来，当时掌管东吴军权的周瑜年纪太轻，很多人不服气，其中就有个叫黄盖的人。这一次，曹操来袭，周瑜对手下的将军们说：“咱这仗肯定是个持久战，为了能死守领土，你们回去后一人给我准备三个月的粮食。”

黄盖不乐意了，开始发牢骚：“哼，就你一个黄毛小子领导我们，我看就是准备三十个月的粮食都不够用。”

周瑜气得暴跳如雷，大声嚷嚷：“你这老东西太看不起人了，现在我也不等曹贼过来解决你了，我先把你咔嚓了。”他刚刚说完，一帮将领们连忙跪下，给黄盖求情，说人家好歹是个老员工了，您现在正好是用人的时候，如果把他给砍了，大家不更没心情打仗了吗？

周瑜这才强压怒火，说：“那就先不杀了，不过还是要狠狠

名臣风骨

周瑜

在正史中，周瑜是俊美潇洒、有谋略的伟男子，俗语说“曲有误，周郎顾”，周瑜还是个音律行家。民间、演义中的很多传说都不符合史实。如，诸葛亮三气周瑜，史实是周瑜与诸葛亮身为东吴、蜀汉两集团的大臣，极少碰面，从赤壁之战结束到周瑜病逝的两年间，诸葛亮一直在零陵一带做后勤工作，根本没法和周瑜见面。赤壁之战，诸葛亮并未直接参与指挥，直接指挥的是周瑜等东吴战将。《三国演义》说周瑜气量狭小，也纯属虚构。

打他一顿，要不这老东西不长记性。”之后，黄盖被拖下去，挨了整整五十几杖，躺在床上动弹不得。本来就很不服气的黄盖经过这件事后，便彻底断了效命东吴的念头，还专门写信给曹操：“咱想去你手下打工，你要是欢迎的话，咱们在战场上见。我临阵投降，顺便带几船粮食当见面礼。”

曹操当时就答应了他的要求，并表示，万分期望能在战场上见到周瑜崩溃的样子。公元208年，孙刘联军和曹军在赤壁（今湖北赤壁西北）展开对决。顺带一提，当天刮的是东南风，据小道消息说，这风是某个复姓诸葛的人亲自作法招来的，貌似有利于战事的进行。

曹操站在阵中，享受着大风迎面而来的畅快感觉，并问：“黄盖那家伙不会临时反悔吧？我可是期待好久了。”

下面的人连忙回话：“丞相您尽管放心，咱前边的人刚才传消息过来，黄盖那家伙已经带领十艘船，向这边划过来了。”

曹操定睛一看，果然，那十艘船上站满士兵，中间还有用布遮挡起来的粮食。黄盖让人拼命划船，并让士兵们跟着自己大声嚷嚷：“我们是来投降曹丞相的！”

向历史借智慧

贪多嚼不烂

当今社会竞争激烈，以致很多家长坚信：一切要从娃娃抓起。于是，种种特长班、补习班应时而生，从幼儿园到小学，再从小学到中学，人们无所不用其极地往孩子脑中灌输东西。然而，最后真正学成的又有几个呢？

学习如此，为人处世亦然。好处无时不在，利益随处可见，但我们更应该衡量自身，看看是否有能力获得它，否则一场利益争夺战的最后结局，就有可能是赔了夫人又折兵了。

曹军高兴得放下武器，指指点点地说：“今儿真是个好天，风和日丽不说，这仗还没开打呢，投降的就主动上门了。”

这些船越划越快，等到快接近曹军的时候，黄盖突然下令：“放火！”船上的士兵们便有的朝曹军射火箭，有的一掀布幔，露出里面的柴火，放火点燃。转眼间，火箭、火船都逼到眼前，曹军大船在东风的洗礼下，陷入了一片火的海洋，因为船船相连，火势蔓延极快，士兵们东奔西窜，竟无处逃生。

直到这时，曹操才反应过来，气得仰天大呼：“周瑜这家伙居然跟我玩无间道，坑死人了啊！”

手下们见他犹自悲愤，便上前说：“丞相，快逃吧。咱们的场子都被人砸了，你要是再有个三长两短，咱们以后还怎么混啊！”

曹操万般无奈，只好一抹眼泪，说：“没错，传我的命令下去，能逃走的就快跟我逃走吧，咱可以没有南方，但北方好歹得给守住了啊。”于是，前一刻还意气风发的曹操，这一刻只好领着一帮残兵败将，匆匆逃回北方去了。

赤壁之战后，受到重创的曹军只能蜗居北方，而东吴和西蜀趁势而起，三国鼎立之势由此形成。

野史秘闻

“郭奉孝在，不使孤至此”

众所周知，诸葛亮一出山，刘备就时来运转，从寄人篱下的狼狈状态开始走向成功。郭嘉之于曹操，正如诸葛亮之于刘备般的重要，郭嘉总是能够在纷扰烦冗的万机之中一举把握要害，所以他便具有拨云见日的理解力、当机立断的决策力和险中求胜的把握力。只可惜他英年早逝，否则，他在历史的天空中所留下的光环绝对可与诸葛亮相媲美。

伏皇后的反击

却说曹操自从赤壁之战失败后，不得不宅在家里，天天不是逗猫遛狗，就是给儿子上思想教育课，要他们不忘前耻，来日找机会报仇。不过，他是个天生闲不住的人，没几天就去找献帝的麻烦说：“刘备和孙权那两个家伙太不上道了，我年纪都这么大了，他们还欺负我。眼看着他们两家就这样坐大了，皇上你说该怎么办吧？”

献帝为了平息他的怒气，就讨好说：“丞相您想怎么办就怎么办，我绝无二话。”

曹操不乐意了，咱是找你来出主意的，你居然让我看着办，那我不是白跑了吗？于是，他又说：“皇上，东西可以乱吃，话不能乱说。你这话要是让别人听到了，他们会以为天下是我在做主而不是你了。”

献帝见他横眉倒竖，心中那个凄凉啊，心想曹操你总算说了句实话，知道这天下是你在做主了。他拼命把眼泪一挤，说：“丞

庙堂真相

权臣都爱做皇帝的老丈人

权臣为了完全控制皇帝，往往把自己的女儿给皇帝当皇后。如王莽把女儿嫁给汉平帝，刘裕把女儿嫁给晋恭帝，杨坚把女儿嫁给北周宣帝等。但上述皇帝都差不多是傀儡，而且大多被毒死，权臣们的女儿为了权臣们，牺牲了自己一生的幸福。但奇怪的是，这些皇后都是有气节、有道义的贤德女子，不像其父。

相您愿意辅佐我当然是好的，如果不愿意的话，好歹让我过几天好日子，保我寿终正寝就行了。”

曹操见他还有怨言，自己就更不愿跟他费劲瞎扯了，当下狠狠瞪了对方一眼，便匆匆离开。他一走，旁边的近侍们就凑上来跟献帝说：“皇上，听说曹丞相最近吃不好、睡不好，他那帮手下为了讨他的欢心，准备撺掇他称王呢。”

献帝听得号啕大哭，“这下完了，咱这皇帝是当不了几天了，以后的日子估计更难熬。”

他在这边号，那边伏皇后见了，就主动上前说：“皇上，你随时都要记住，不抛弃不放弃，现在事情还没到最后一步，或许还有转机。”说起伏皇后，她可是在十五岁的时候就嫁给献帝了，比献帝要大四岁，遇事也算冷静。可惜的是，她没生在好年头，只能跟着苦命的老公东奔西走。

她见老公泪眼汪汪地看着自己，便说：“要不咱找我老爸伏完帮帮忙吧，看他有没有啥办法，能把曹操这个奸贼给除掉最好了。”

献帝连连点头，“还是老婆对我最好了，岳父要是成功了，

野史秘闻

宦官皇帝

曹操的父亲曹嵩是宦官曹腾的养子。魏明帝曹叡即位后，追尊其高祖曹腾为高皇帝，直到西晋代魏，这个称号都一直保留着。曹腾也成为曹魏王朝六个拥有帝号的人物之一（魏高皇帝曹腾、魏太皇帝曹嵩、魏武皇帝曹操、魏文皇帝曹丕、魏明皇帝曹叡、魏元帝曹奂）。在中国历史上，被正式授予正统王朝皇帝称号的宦官，仅此一人。

以后我啥都听你的。”于是，伏皇后写了封求救信，找来宦官顾顺，要他帮忙送信出宫。

顾顺很为难，谁都知道这宫里哪儿都有曹操的耳目，他们夫妇俩自己出不了宫就算了，还要把我拉上贼船。他心里一千一万个不平衡，但上下级的观念还是很强的。为了安全起见，顾顺就把信藏在头发里，出宫见伏完去了。

事实证明，为难的不单是他一个人，还有收到信的伏完。他边看信边说：“我女儿也太看得起她老爸了吧？她当我想干啥都能干成？说白了，咱现在也是个给曹操打工的，你让我拆老板的台，不是要我的老命吗？”

顾顺耸耸肩说：“你在我跟前发牢骚管啥用？咱现在要的是办法，你就快出主意，帮你女儿女婿一个忙吧。”

伏完冥思苦想，好半天才皱着眉说：“宫中耳目众多，咱要打入敌人内部是不太可能的了。不过，我们倒是可以利用孙权和刘备，他们俩如果前来挑衅的话，曹操肯定坐不住，到时候，咱就可以乘虚而入啦。哈哈哈哈哈……”

伏完很得意，觉得自己是个天才，当下就写了回信，让顾顺

野史秘闻

颜面扫地的汉献帝

伏皇后收到废后诏书，准备搬出后宫时，忽然听见外面有嘈杂的声音，一看，原来是华歆带人来搜捕她。伏皇后吓得躲进夹墙中，但仍被华歆发现了。华歆揪住她的头发，将她拖到外殿。献帝正在外殿坐着，看见伏皇后悲惨的样子，不禁泪流满面。伏皇后对献帝说：“真的不能活命了吗？”献帝无能为力地说：“我也不知道我能活到什么时候。”

带回宫。谁知，顾顺刚走到半路，早就得知消息的曹操就把他拦住了，问："小顺子，你刚刚干啥去了啊？"

顾顺很镇定，背出早就想好的借口："我给皇后娘娘找医生去了，她身体不舒服。"曹操怒目圆睁，说："找医生？那医生呢？"顾顺很意外，怎么问这么详细？不过，他反应也快，直接回答："回丞相的话，医生生病了，躺在床上起不来。"

"胡说！"曹操"啪——"地给了他一记耳光，"医生连自己都医不好了，还怎么救人？"说完，他便让人上前搜身，结果一无所获。

顾顺这才说："嘿嘿，丞相，医生也是人，当然会得病的啦。"就在这时，突然刮起一阵狂风，把顾顺的帽子给吹走了。曹操心念一转，便先搜查了他的帽子，又让人查他的头发，信件就此曝光。

曹操一看信，见上面写着伏完要找孙权、刘备来收拾自己，顿时怒不可遏，骂道："你们这帮家伙简直吃里爬外，咱花了这么多的粮食养你们，结果全是白眼狼！哼，从现在起，一个也不养了！"一声令下，侍卫们就直接冲到伏家去抓人，将伏家三族统统拿下。

野史秘闻

衣带诏

曹操的专权统治引起了汉献帝和一些大臣的不满，他们决定除掉曹操。献帝用鲜血写了一封诏书，秘密交给董承，让他与刘备等人谋诛曹操。这就是历史上有名的衣带诏，也是汉献帝第一次为皇权做出的努力。但不幸的是，他失败了。反曹同盟中，只有刘备和西凉太守马腾幸免遭难，其他人都被处死了。

接着，他又派人去后宫捉拿伏皇后。皇后吓坏了，连忙跪地求饶："咱是年轻人，应该容忍一下我犯错的时候啊。我保证，下次全民选举的时候，一定投曹丞相一票。"

侍卫们可不听这些，直接扯住她的头发，把她往屋外拉。伏皇后一个女人，哪里是这些高头大汉的对手。她一路被拖出宫门，最后被曹操逼得上吊自杀，而她生的两个儿子也被毒死了。献帝又惊又惧，天天提心吊胆，就怕曹操来找他算账。不过，曹操最终没有来，来的是他的女儿，她最后做了献帝名正言顺的老婆——曹皇后。

向历史借智慧

现实是残酷的

献帝平生最大的梦想，恐怕就是执掌大权、中兴大汉了。可惜，理想是远大的，但现实却很残酷。先是董卓霸权，接下来他又寄人篱下，最终只能当一辈子的光杆司令。然而，他一生都没忘记反抗。也正因此，献帝的名声在后人那里还算不错。

曹丕的心术

曹操在政坛上摸爬滚打了几十年，岁数越来越大，便开始考虑继任者的问题。当时，儿子曹丕和曹植最为出类拔萃，而曹植更是深得他的喜爱，但凡有啥好吃的好玩的，曹操最先想到的就是这个儿子。

曹丕不乐意了，暗地里没少哭鼻子，“老爸也太不公平了，同样是儿子，差距咋就这么大呢？现在他还只是给点吃的穿的，以后他死了，不还得把位子传给弟弟？”想到这儿，曹丕紧握双拳，发誓要重新夺回父爱。

小宇宙爆发的曹丕可是不容小觑。一次，曹操要出去打仗，儿子们都来给他送行，有送棉衣给他的，有送兵器给他的，而他最喜欢的曹植更是拿出自己刚创作的新诗念给他听。说到这里，不得不提，别看曹操平时杀人不眨眼，可他却是个很有浪漫细胞的诗人。平时没事的时候，他最爱登高望远，卖弄一下文笔。正因如此，跟他有同样爱好的曹植才深得宠爱。

社会风情

文学三曹

曹操、曹丕、曹植父子三人都是当时的大文学家。曹操的风格是通脱，就是有啥话说啥话，不藏着掖着，如“幸甚至哉，歌以咏志”，很直白。曹丕就变得深沉起来，而且首创了七言诗《燕歌行》，“短歌微吟不能长”，显得情深辞茂。曹植的风格是清新、华丽。谢灵运说：“天下才共一石的话，曹植独占了八斗。”“才高八斗”由此而来。

现在曹操要出征了，临行的时候听儿子念诗，发现对方的文学功底又上了一个台阶，心里很宽慰。听着对自己歌功颂德的诗句，曹操更是笑得眼都眯起来了。曹丕在一旁见了，又气又急，“早知道有今天，当初咱读书的时候，说什么也要把语文学好。可惜啊，现在后悔也来不及了。”

他的心腹吴质见他一副失落的模样，就凑过去说：“老大，你不用担心，待会儿你上去对着你老爸掉几滴眼泪就行了。”

曹丕当时就乐开了花，连声夸赞：“靠，这种煽情戏嘛，也就只有你想得出。吴质你以前是搞编剧的吧？”

于是，等曹植的诗念完，大家的巴掌拍完，曹丕就登场了。他先是缓步上前，给老爸行礼跪拜。曹操把他扶起来的时候，竟发现他双眼通红，两行眼泪顺着眼角滑落，哽咽着说：“爸，爸，您……您路上小心。”

曹操见状，顿时一颗心都揪紧了，也跟着红了眼眶，心里暗说：“这么多儿子，看来就曹丕最孝顺我了，新诗啥的跟眼泪比起来，简直就是浮云啊。”由此，曹丕顺顺利利地赢得了曹操的赞赏，地位跟着上了好几个台阶。

社会风情

四大名琴

蔡邕通晓音律，尤擅琴艺。吴地有个烧桐木做饭的人，蔡邕听到桐木在火中爆裂的声音，赶紧将它买了下来，然后精雕细刻，终于将这块桐木做成了一张七弦琴，音色奇绝。因琴尾正好在烧焦的地方，所以给它起名为“焦尾琴”。这架“焦尾琴”与齐桓公的“号钟琴”、楚庄王的“绕梁琴”、司马相如的“绿绮琴”并列为中国古代四大名琴。

不过，曹植是个艺术家，对于名利还真不太在乎。在他看来，有饭吃、有书看、有诗写，其他的就无所谓了。可当事人不着急，并不代表他的手下不着急。谁都希望自己的领导能够胜出，今后的福利待遇也能跟着上去不是？

于是，曹丕渐渐意识到，最近监视自己的人增多了，其中还有曹植的手下杨修。有一天，吴质因为有事跟曹丕商量，就偷偷藏在车上的大箱子里，潜进曹丕家。杨修得知这件事后，跑去给曹操打小报告："吴质那家伙跟您儿子曹丕有猫腻，我亲眼看见，他偷偷去您儿子家里商量事情来着。"

这边曹操还在怀疑呢，那边曹丕已经得知事情败露了。于是第二天，当同一辆车、同一个箱子进入曹丕家里的时候，前来搜查的人发现，车上没人不说，就连箱子里也只是装了些布料而已。

曹操很尴尬，怒骂杨修："你太能忽悠人了，现在害得我在儿子面前抹不开脸。哼，你以后要是再乱说话的话，小心你的脑袋！"曹操不是傻子，他当然知道，杨修是给儿子曹植办事的。

曹丕很狡猾，而曹植却很不争气。有次，他奉了老爸的命令前去打仗。曹植很不情愿，就私下发牢骚说："咱就是个搞文学的，

野史秘闻

聪明杨修误曹植

曹操想考察儿子曹丕和曹植的能力，经常给他俩出出难题。有一次，曹操命令曹丕、曹植两兄弟出邺城办事，却又暗中命令门卫不得放行，看他二人如何反应。杨修事先猜到了曹操的安排，就交代曹植，万一被门卫拦住，你有王命在身，可以直接杀了他出城。结果曹植如法炮制，出得城来，曹丕却没能出城。

出去打打杀杀也太血腥了吧。”

等到大军准备就绪，要出发的时候，他却失踪了。曹操知道后，赶紧派人去找。结果发现他前天晚上酒兴大发，连喝了好几坛酒，到现在都还没睡醒呢。曹操气得破口大骂：“这个没出息的小兔崽子，从今以后不再让他带兵了，哼，我看他除了能写几首诗，啥都不会了。”

后来，曹操果真把大权交给曹丕，只让曹植在政府里当个闲散官员。成功上位的曹丕很开心，就连做梦都笑醒好几回。他老婆可受不了，说你天天晚上这么笑，早晚得出事。曹丕嘿嘿一笑，“要出事，也是曹植那家伙出事，咱从今以后，就让他没好日子过。”

果然，曹植自从哥哥上位以后，就经常被人告发，一会儿说他随手在墙上乱涂乱画，一会儿说他喝酒闹事影响市容，最后竟爆出他意图谋反的惊天消息。曹植很郁闷，说：“我不过就是个搞创作的，从来对政治没兴趣，有啥好反的？”

曹丕就说：“既然你是搞创作的，那你就在七步之内写出一首诗，我从此就不说你会谋反了。”

曹植沉思片刻，就边踱步边出口成诗：“煮豆持作羹，漉菽

社会风情

曹丕学驴叫

曹丕的文学造诣颇高，和当时的文学家们关系不错。“建安七子”之一的王粲死后下葬时，曹丕对大家说：“仲宣（王粲的字）平日爱听驴叫，让我们学一次驴叫，送他入土为安吧！”随即学起驴叫来，随同曹丕前来吊唁的才子们也一起学起了驴叫。于是，王粲的墓前响起了一片驴叫声。

以为汁。其在釜下燃，豆在釜中泣。本自同根生，相煎何太急？”

曹丕一听，顿时红了脸。他知道，弟弟是在拿自己说事呢。他面子上过不去，但刚才已经答应过对方，只要把诗写出来，就不说他谋反。曹丕没辙，只好降了他的官职，让他回家去。然而，从这以后，曹丕就经常下旨，强令曹植三天两头地搬家，搅得他没法搞创作。到了公元232年，这位文学家就抑郁而死了。

向历史借智慧

干得好不如沟通得好

曹植诗写得好，但曹丕和老爸曹操沟通得更好，亲情确实比才华更重要，更能打动人，所以曹丕在这一轮比赛中能胜出，是有道理的。所谓沟通得好，并不是说领导爱听好话，爱听想听的话，而是说，领导也是人，你把他当一个有血有肉的人看，去跟他谈心，打动他的心，那么领导也会放下架子，以一颗柔软的心来理解你，为你着想，在工作中为你提供更多的支持。

“我只做周文王”

曹操晚年的时候，跟献帝说：“咱为了大汉劳心劳力，做了几十年的丞相，结果一点都没升迁，家里的老婆都骂我没出息。皇上，要不您封我个王做做吧，好歹让我在女人面前能抬得起头。”

献帝早就怕了他了，哪里敢说他现在的丞相已经够大了，不用再升。相反，献帝连声应道：“对对对，这是我这个当领导的疏忽了。您放心，我马上就下旨，让您当魏王。”

然而，当上了魏王的曹操还是不满意。本来嘛，爬金字塔都爬了这么多年，结果只差一步就能登天，任谁都不会想放弃。曹操很着急，眼看自己岁数越来越大，身体越来越差，他便开始提醒手下：“咱为了大汉劳心劳力，可是顶头上司汉献帝却很不给力，从来都不管事。唉，也不知道啥时候能坐上跟我的职务相当的位子。”

官员荀彧一听，便急忙劝诫：“老大，您心里那点小九九，别以为咱不知道。不过，我现在郑重告诉您，那皇位您就甭想了。

庙堂真相

三国鼎立

曹丕建立魏国后，公元 221 年刘备称帝，国号汉，史称蜀汉；公元 222 年，孙权称吴王，公元 229 年称帝，国号吴。这样，群雄逐鹿局面结束，三国鼎立局面最终形成。汉献帝刘协被曹丕封为山阳公，在公元 234 年去世，享年五十四岁。

其实，我也是为您好，您口口声声地说，要为大汉劳心劳力，不就是想拿个忠臣的美誉吗？就算现在年纪大了，您也不能犯傻，篡位夺权可是会毁了您一辈子的啊。”

曹操被批得很没脸，当时就怒骂：“谁……谁说要做皇上了？咱连提都没提过这事，荀彧你幻听了吧？”

荀彧见他臊红了脸，知道自己的劝说管用了，也就不再跟他斗嘴。可惜，曹操年纪大了，心眼却变小了，从这以后要不就是经常找荀彧的碴，要不就是直接忽视人家，搞得荀彧后来抑郁而死。

其实，曹操平时还是很重视名声这事的。他知道，自己再怎么蹦，到头来名义上还是大汉朝廷的合同工，虽然老大献帝不管事，可全天下的人都没忘记他。也正因此，曹操平时都谦虚地表示，希望大家称呼他为“当代周公”。谁是周公？周公就是周武王的弟弟，一心辅佐武王的儿子成王，一辈子都心甘情愿地当臣下。

曹操这样说，显然很得人心。曾经，东吴的老大孙权就对他说：“反正现在大汉的朝廷都是你说了算，要不你把献帝废了，做个名正言顺的皇帝得了。放心，咱向刘秀爷爷保证，绝对不讨伐你。”

庙堂真相

山阳公悬壶济世

汉献帝刘协当皇帝很悲剧，但下台后做山阳公却做得有声有色，和曾经的皇后曹氏过着悬壶济世的生活。他自己挖的中草药从不收费，扎针、艾灸、拔罐、刮痧也不要钱，只对购来的药物才收点成本费。百姓感恩戴德，称他为“大人”，称曹氏为“美人”，尊他俩为父母，简称为“大”“美”。这两个称呼到现在还是焦作农村的俗语。

曹操吓得出了身冷汗，“孙权你这小子太不厚道了，咱发了誓要当一辈子周公的，你现在却这样说，简直是要把我放在火炉上烤啊。”

谨守本分的曹操虽然让很多人没话说，但他多年的心腹兼老友可不赞同他。有一次，两人在私下聊天的时候，夏侯惇便劝他：“现在北方之所以能够统一，全是你的功劳。这么多年来，你不仅让老百姓安居乐业，还有了统一天下的能力，难道不应该做皇帝吗？你放心，只要你下定决心，我一定追随到底。”

曹操连忙摆手，过了许久，才叹道：“你不要再劝我了，天意如此，我这辈子只做周文王，绝不称帝！”

果然，曹操终其一生都谨守诺言，把献帝奉为自己的顶头上司。然而，他对夏侯惇说的一番话，其实早就透露了他的本意。天下人都知道，周文王虽然在商朝手下办事，但他之后，儿子周武王却灭了商朝，做了天下人的老大。

果然，公元220年，曹操去世后不到一年，其子曹丕就篡位夺权，改国号为魏，自立为帝，并追封老爸为魏武帝，东汉王朝就此结束。

向历史借智慧

人言可畏

如果要说20世纪早期，最出名的中国女影星是谁？非阮玲玉莫属。然而这个盛极一时的明星，却在二十五岁的美好年华选择自杀，香消玉殒。她死前仅留下只言片语，其中便有“人言可畏”这四个字。流言蜚语的可怕，就是曹操这样赫赫有名的奸雄也不得不忌惮三分。这也难怪，你看历朝历代的开国君王们，在当皇帝前，有哪个不巧立一堆名目，说自己是受命于天的？说到底，终究是人言可畏啊。

图书在版编目（CIP）数据

一口气读懂中国史／将进酒·黄 著．—北京：东方出版社，2020.1
ISBN 978-7-5207-1206-4

I．①一… II．①将… III．①中国历史－古代史－青少年读物
IV．① K220.9

中国版本图书馆 CIP 数据核字（2019）第 198578 号

一口气读懂中国史·东汉故事
(YIKOUQI DUDONG ZHONGGUOSHI · DONGHAN GUSHI)

作　　者：将进酒·黄
责任编辑：辛春来
出　　版：东方出版社
发　　行：人民东方出版传媒有限公司
地　　址：北京市朝阳区西坝河北里 51 号
邮　　编：100028
印　　刷：三河市嘉科万达彩色印刷有限公司
版　　次：2020 年 1 月第 1 版
印　　次：2020 年 1 月第 1 次印刷
印　　张：70（全 10 册）
开　　本：880 毫米 ×1230 毫米　1/32
字　　数：1570 千字（全 10 册）
书　　号：ISBN 978-7-5207-1206-4
定　　价：268.00 元（全 10 册）
发行电话：(010) 85924663　85924644　85924641